U0330478

华中地区城乡治理调研报告

郑进 著

中国建筑工业出版社

图书在版编目（CIP）数据

华中地区城乡治理调研报告 / 郑进著 . —北京：
中国建筑工业出版社，2024.2
ISBN 978-7-112-29553-1

Ⅰ. ①华… Ⅱ. ①郑… Ⅲ. ①社会管理—研究报告—
中国 Ⅳ. ① D63

中国国家版本馆 CIP 数据核字（2023）第 254293 号

责任编辑：兰丽婷
责任校对：王 烨

华中地区城乡治理调研报告

郑 进 著

*

中国建筑工业出版社出版、发行（北京海淀三里河路9号）
各地新华书店、建筑书店经销
北京海视强森文化传媒有限公司制版
北京中科印刷有限公司印刷

*

开本：880毫米×1230毫米 1/32 印张：5¹/₈ 字数：134千字
2024年1月第一版 2024年1月第一次印刷
定价：**28.00**元
ISBN 978-7-112-29553-1
(42296)

如有内容及印装质量问题，请与本社读者服务中心联系
电话：（010）58337283 QQ：2885381756
（地址：北京海淀三里河路 9 号中国建筑工业出版社 604 室 邮政编码：100037）

目 录

工业下乡与环境问题的凸显和治理

——基于湖南省 X 市 Z 地（1949—2019 年）的实证研究 001

武汉市街道综合行政执法改革实践及深化对策研究 017

武汉市洪山区人才公寓入住及大学生社群生活状况调研报告 038

武汉市家政服务业提质扩容的优化路径研究报告 062

党建引领，自治、德治、法治相结合的“撤村建居”社区治理现代化

——武汉市汉阳区江欣苑社区治理创新 091

扶贫产业的产权关系现状及对策调查报告

——以武汉市新洲区 3 个扶贫产业基地为例 106

鄂东北山区中越婚姻调研报告 127

农村留守老人关爱服务体系建设调研报告 136

城市化进程中土地利用方式变迁及其影响调研报告

——基于 X 市 Y 村的调查 146

工业下乡与环境问题的凸显和治理①

——基于湖南省X市Z地（1949—2019年）的实证研究

一、问题的提出

新中国成立初期，为促进农村地区经济的恢复和发展，在确定“优先发展重工业”经济发展战略的同时，中央提出“经过人民公社这种社会组织形式，高速度地发展社会生产力，促进全国工业化、公社工业化、农业工厂化。”[1] 至此掀起了全国范围内工业下乡的第一个高潮。1978 年之后，国家工作重心转移到经济建设上，随着对农村非农业经营领域管制的放松，地方国有企业和乡镇企业均焕发了空前的活力，客观上促进了农村经济的恢复和发展。随着市场化改革的推进，国有企业在经济体制转轨中历经改革的“阵痛”，工业下乡步伐一度停滞，农村进入低速发展阶段。20 世纪 90 年代中后期，地方政府一定程度上利用廉价土地、劳动力、原材料以及财政优惠甚至降低环境标准等“优势”积极推进乡村工业化的进程，刺激资本从海外向中国、从沿海向内地、从城市向乡村的流动和转

① 本调研报告成稿于 2020 年。

移，出现了新一轮的工业下乡热潮，成为吸纳农民就业、促进农村经济发展的重要推动力。

以乡村工业化为初衷的工业下乡，在一定程度上确实起到了缩小城乡之间差距的作用，为原本贫困的农村提供了一定的发展机会和条件。然而工业发展也给乡村带来了日益严峻的污染，并引发了工厂与农民之间的冲突和矛盾。进入 21 世纪之后，由于工业下乡承受地村民的持续行动以及新闻舆论的关注和报道，特别是在“政经一体化开发机制”[2]下，地方政府在继续坚持工业下乡的同时承受着巨大的压力，与此同时国家层面对环境问题的治理政策也日益明确。通过对这一历史过程和社会现实的梳理，可以发现在整个过程中，国家、市场与社会三者在不同的历史时期有着不同的定位和作用，三者的角力与互动影响了环境问题的呈现形态和解决方式。

诚然“环境治理不是孤立的社会行动，而是嵌入在特定的政治、经济和社会系统中”[2]。那么在微观层面，国家、市场与社会在不同的历史时期各自扮演着何种角色，对工业下乡产生的环境问题及其呈现形态起着怎么样的作用以及会导致何种解决路径，对我国当前时期的环境治理有何种启示等问题值得学术界关注和讨论。本文通过对位于湖南省湘江流域的化工区——Z 地，在长达半个多世纪内工业下乡过程中厂民关系、环境污染及其呈现形态和治理之路进行梳理，尝试在宏观视域之下对以上问题做微观解答。

二、革命建设时期：厂民共生与环境问题的遮蔽

Z 地原为 X 市远郊，背靠湘江，从 20 世纪 60 年代即被规划为化工区，主要包括工业园区、两个行政村、工人社区和三者交汇地带的商业街道。

在历史上，Z 地曾为湘江上的货运点，紧邻一主要货运码头，亦为当地居民登舟渡江之所。Z 地附近自清代中期便是 X 市民间作坊和手工业聚集之地，具有一定的工业基础。新中国成立伊始，作为远郊农村的 Z 地由于水运交通便利、地势开阔并紧邻工业区，得以走进国家工业规划的视野，开启了工业下乡的序幕。

（一）革命与建设：工业下乡的双重变奏

新中国成立之初，为了尽快恢复国民经济，国家决定将工作重心转移到经济建设上来，效仿苏联的经济模式，实行以粮为纲、优先发展重工业的高度集中的计划经济政策。1958 年，中共中央积极发展地方工业，实现工农业并举。在此背景下，作为千百万个嵌入中国近现代历史的小村庄，在改善农村社会经济状况的方针驱使下，中央的政策、指令得到贯彻，村庄中工厂项目纷纷上马。

然而现实中工业下乡困难重重。1950 年，湖南省工业厅决定在 Z 地建立省砖瓦厂以支援地区建设，但仅仅两年后的 1952 年，因其效益欠佳，省工业厅中止了投资。加上各地合作社小型砖瓦厂项目的蜂拥上马，以及市机瓦厂在 Z 地成立，省砖瓦厂处境艰难。1953 年 7 月，中南五省城市建设工作会议召开，确定 X 市为全国重点工业建设城市之一。

1961 年 1 月，中共八届九中全会正式确立了对国民经济实行“调整、巩固、充实、提高”的方针，并决定在农村进行整风整社。从 1964 年开始，越来越多的工厂在中南地区、湖南省、X 市的规划下进入 Z 地，此地迎来了真正的工业下乡，村庄与企业间迎来了“蜜月期”。

从 1958 年开始，先后有炼铁厂、电气化工厂、色织染整厂、氮肥厂、树脂厂、第三化工厂等市属企业在此新建厂址或搬迁至此。这也奠定了此后数十年内 Z 地化学工业发展的基本格局和可能出现的生态影响。

（二）工厂与村民：共生关系下的利益和谐

这个时期进入 Z 地的工厂主要为国家着眼于地方经济建设，平衡工业与农业、城市与农村、工人与农民之间利益关系的方针政策的结果，这些工厂均接受了大量的资金投入和技术支援，从而使工厂与村庄之间马上出现直接的互惠关系，形成了一种立足于乡土之上的一体化关系。

1. 工厂带来村庄基础设施的建设

由于现代工业的植入和发展，作为城市远郊的 Z 地很快成了人口流入地，X 市部分城市人口和部队转业军人不断向 Z 地集中，直接加快了 Z 地现代公共设施的建设。在工业规划的刺激下，Z 地所属公社办公楼、银行、供销社、供水站等纷纷建立。由于现代工业需要用电，Z 地不久即通电。在这些国营企业的无私帮助下，企业周边的农村纷纷架设了电线，从 1970 年代初期开始，Z 地村民便用上了电，Z 地农村成为 X 市较早通电的农村区域。村邮电所于 1965 年 7 月建成；城市第八路公共汽车营运线于 1973 年 9 月开辟，通行至 Z 地外围；1976 年正在搬迁至此的市第三化工厂利用基建资金自主修建了一条通向周边区域的硬化路，同期公交线路延长，全程 14.5 公里，极大地方便了村民的出行。

2. 离土不离乡的务工农民

费孝通在研究苏南农村时提到“农村经济结构变化，相当大的一批原来用在农业里的劳动力转移到了工业战线，出现了农工结合的人物，我们称他们为‘务工农民’”[3]，这一现象亦出现在 Z 地。

位于 Z 地的国有工厂在主要解决返程知青、城市人口就业和部队转业军人工业岗位的同时也吸纳了部分村民就业，主要包括临时工和正式工两种。在 1978 年之前，当地规定每征收 3 亩田地即可为生产小队解决一个招工指标，因此每个生产小队平均有 3~4 位村民进入工厂成为正式职工。与此同时，这些工厂在每个生产小队都招收了一定数量的临时工，这一举措不仅解决了各生产小队剩余劳动力的问题，也增加了生产小队的经济收入。

“硫酸厂找我们附近很多人去做工，都是临时工，工作多的时候，让我们大队的人帮忙找人。最多的时候做工一天可以得两块钱的工分，其他大队种田好的人一天也就只有 4 ～ 5 角钱的工分。”

这种“农工结合体”的形成，不仅为工厂提供了大量廉价劳动力，也增加了生产队和农民的收入，使工厂与村民之间形成了一体化的共生关系，这里的很多农民则成为“离土不离乡”的务工农民。

3. 工业惠及农业

从 1958 年始，全国性的城乡二元结构逐渐形成并强化，但作为承接工业下乡的 Z 地，工农之间出现了良性互动态势。1968 年市氮肥厂和硫酸厂出资修建了一条输水管道，为了纪念工农合作而取名为“友谊渡槽”，将工厂内的氮肥水引向附近各生产队，因此 Z 地的农业生产从 1960 年代就开始使用化学肥料。并且各个生产小队以 15 元的低廉价格每两个月一次轮流去氮肥厂拉一个星期的煤渣回生产小队，以供村民做饭、烤火之用。

农忙时，工厂免费为生产队提供抽水的水管、水泵以及脱粒的水泥场地和脱粒机，临时工在不扣工资的情况下可以回生产队从事农业生产活动，还组织工人在农忙时为劳动力不足的生产队帮忙。由于当时工厂化工产品产量不大，所以对农业生产并没有产生明显的负面影响，反而当时 Z 地的农业生产情况要好于周围各单纯农业村庄的生产情况。例如处于 Z 地核心区域的易家生产小队曾在 1978 年 X 市郊区水稻亩产评比中以亩产 1050 斤获得过第一名的成绩，一般年会也都是处于前三名的好成绩。总体而言，Z 地最早得到了国家在农村发展工业的好处，并在初始阶段与化工厂保持着良好的关系。

（三）压制与沉默：环境问题的遮蔽

1955 年 7 月，毛泽东主席在《关于农业合作化问题》报告中明确提出："我们现在不但正在进行关于社会制度方面的由私有制到公有制的革命，而且正在进行技术方面的由手工业生产到大规模现代化机器生产的革命，而这两种革命是结合在一起的"[4]。社会制度革命和技术革命促进了社会的快速发展，Z 地的工业建设速度相当快，工厂建设热情高。

村民们对刚刚出现的污染事实集体沉默。

对公共品的沉默成了当时村民的"集体行动逻辑"。加之，当时相较而言污染并不严重和集中，工业废水直排，短期内对 Z 地并没有直接的影响，所以在田地"由私变公"、正式控制"由弱到强"的情况下，出现了"污染被遮蔽、村民主动沉默，有问题逐级向上反映"的局面。

由于工业下乡是国家主导的重要任务，下乡工厂享有一定的优势地位，并且客观上成为"施恩者"，村庄为"施恩对象"，村庄的牺牲得到了工厂的隐性且多种形式的补偿，村庄和村民整体上都得到了工业的益处。工厂与农民自始至终处于"蜜月期"，村民的环境意识被遮蔽。

三、转轨时期：厂民疏离与环境问题浮现

十一届三中全会后，我国开启了新一轮的经济社会建设，市场经济建设步伐由沿海逐渐走向内陆。在此后的一段时期内"泛政治化"逻辑和市场理性逻辑共存，村庄与企业的互动关系面临新的环境与挑战。

（一）发展与危机：乡村工业的结构性问题

随着国营企业自主经营权的扩大和市场的逐步开放，特别是工业产

品价格双轨制的推行，化工产品的市场价远高于计划价，如市有机化工厂所生产的邻甲苯胺、间甲苯胺的市场价为 15000 元 / 吨，而计划价只有 4200 元 / 吨。这种情况下国营企业的生产积极性空前高涨，以化工产品为主导产品的 Z 地化工企业获得了空前的发展，化工研究院、有机化工厂、染料化工总厂、电化厂等均在这一阶段达到了企业的辉煌时期。

与此同时，由于知识产权意识缺乏，国营企业的核心技术流失非常严重，外资企业与集体企业都直接从国营企业雇用专业技术人员或购买技术。因此，虽然 Z 地的国营企业迎来了快速发展，但却隐藏着巨大的危机。

非国营企业在此一时期同样迎来了发展机遇。1986 年，X 市第一家中外合资企业落户 Z 地，此后的一段时间先后有 40 多家化工企业、冶炼企业落户于此。集体企业此时也获得了一定的发展。集体企业利用部分国有企业的技术和工人开始生产原国营企业的产品，加之自身运行较为灵活，直接促使了乡镇集体企业的发展，从而带动了乡镇发展和农民就业，但客观上加快了国营企业的衰落，挤压了更多国营企业工人的生存空间。正是由于在危机中发展，以及私营企业、外资企业和集体企业的出现，国营企业生产带来的环境问题更为复杂，原本和谐的厂民关系开始遭遇挑战。

（二）工厂与村民：从共生到关系紧张

1. 污染的突现

从 20 世纪 80 年代中后期开始，Z 地的化工企业进入了辉煌时期。以市有机化工厂为例，《X 市志（1986—2005）· 化学工业篇》中记载，1990 年有机化工厂生产邻甲苯胺 1215 吨，创工业总产值 704 万元，产量与总产值分别比 1985 年增长 35.0%、40.8%；邻硝基甲苯的产量在 1985 年后也逐年增长，1990 年生产了 1232 吨，1989 年为历史最高，生产了 2903 吨；对硝基甲苯在 1986 年生产了 800 吨，创工业总产值 176 万元，此后保持平稳增长，1990 年生产 913 吨，创工业总产值 703 万元，较 1986 年的产值增长 299.4%。然而由于没有环评标准，直到这一时期包括有机化工厂在内的所有企业都没有安装污水处理装置，大规模生产产生了空前的污染，污水、废气全部直排，废渣则堆放于空地。

环境污染问题在这一时期很快凸显。1985 年，X 市排水系统未能形成，污水处理场没能建成，大量未经处理的污水排入江河，江河水体被严重污染，湘江流域 X 市易湾断面化学耗氧量超标，除受冶炼厂、化工厂和钢铁厂影响外，与 Z 地化工厂和省农药厂所排污染物亦很有关系。X 市环保监测站 1981—1985 年监测，全市除 Z 地化工区等工业集中区及居民稠密区大气污染较严重外，其余各地大气质量均符合国家二级标准。

2.“一体化”关系日趋破裂

一边是国营企业面对“自负盈亏”的新生存机制，一边是“人民公社”解体，村民个体与国营企业呈现博弈关系，同一场域中存在着两种生存机制，并且由于私营企业和集体企业的出现，Z 地内村民与企业的互动关系更趋复杂，村企“一体化”不得不走向破裂。

在环境污染加重的同时，随着分田到户政策的实施，化工厂对村民的补偿，却无法令其像前一时期那么满意。从 20 世纪 80 年代开始，为了便于管理和减少与因工中毒者的纠纷，化工厂大量使用外地的农民做临时工，也不再轻易在当地招收正式工，只有少数村民通过找关系才能在工厂做临时工。

伴随着工业污染的加重，工厂区周围的村民和农田受影响程度加深。由于来自工厂的补偿无法令村民满意，受污染影响较大的村民的不满情绪开始增加。从 20 世纪 80 年代开始就不断有村民对工厂进行堵门、锁门，甚至破坏工厂的供电线路等。市环保部门统计的关于对化工厂的举报投诉量也逐年上升。

此时化工厂的经济理性生存机制与村民的情境生存机制的斗争开始显性化，原本一直被遮蔽的环境问题随着时代的发展而显现，村庄、村民与企业的一体化关系日趋紧张，矛盾不断激化。

（三）沉默与抗争：农民面对污染的行动抉择

在环境污染被地方政府逐步承认的同时，村民的环境意识也开始由幕后走向前台。“1980 年代开始对农田污染进行赔偿，其他远些的大队也得到了赔偿，只是金额少些。最多的时候每亩稻田地要赔九成损失，最少每年也要赔一成损失。”“树叶变红了，我们队上人就去喊厂子领导来看，他们来看，也好说话，都会赔，你不需要闹”。村民们开始发现水稻减产的面积逐渐扩大，临近工厂区的空气里经常能闻到异味，工厂区内开始大量排放浓烟。可能以前类似情况已经存在，但从 20 世纪 80 年代开始，村民逐渐意识到周边环境的细微变化。不过这一时期在面对环境污染时，沉默和抗争同时存在。

此一时期，村民在遇到困难时仍然习惯“找集体”，作为村集体的村民委员会继续成为化工厂和村民之间就污染问题沟通的重要桥梁，当然找村集体也是化解、消融乃至遮蔽污染问题的重要手段。虽然村民在日常生活中慢慢地开始谈论污染问题，朴素的环境意识已然萌芽，但通过村集体的努力，在减免部分农业负担和得到部分补偿的情况下村民又归于沉默。

在历史惯性的作用下，虽然数个私营企业进入，但在村民心目中国营企业、私营企业区别的界限尚未形成，“厂子”和“企业”在村民心目中还是“上面的”。这在一定程度上遮蔽了逐渐出现的私营企业的环境污染问题。

此间，由于化工区的废水全部直排江内而对当地农村没有直接影响，而且存在 20 余年的化工生产对村民身体、土地、饮水与农业的影响尚不明显，因污染而催生的环境意识和风险意识非常有限。即使有所抗争与不满，仅仅只有田地、果树和日常呼吸等受到明显影响的时候，直接受影响的村民才会采取措施，去“找化工厂领导”。并且此一时期村民的抗争范围非常小，面对化工厂带来的环境污染，绝大部分村民选择了沉默，环境意识在当时的社会结构和利益交换下并没有被唤起。

四、市场经济时期：厂民冲突与环境问题恶化

随着市场经济改革的深入，我国社会进入以经济建设为重心的时期，Z 地迎来了第二轮市场经济理性逻辑主导下的工业下乡浪潮。与此同时，市场经济快速渗入，非公有制企业全面代替了原先的国营企业，村民和村庄面临着新的环境，原本立足于乡土之上的共生关系脱嵌。

（一）改制与转型：市场经济条件下的工业下乡

从 1992 年开始，整个 X 市的国营化工企业陷入了急速的经济下滑期，绝大部分企业由盛转衰。1993 年，X 市被列为湖南省股份制改造试点城市；1994 年，X 市被化工部列为全国中小城市 14 个精细化工基地之一。为了应对精细化工基地的验收工作，在 X 市政府的主导下从 1996 年开始对已经停产或半停产的有机化工厂、染料化工总厂、食品厂、化学助剂厂、染织厂等国企通过租赁、破产、重组以及招商引资的形式进行改革，除电化厂勉强维持生存，Z 地以国有企业为主的时代彻底结束。2000 年，Z 地经科技部批准为国家新材料成果转化及产业化基地示范区之一，2003 年，设立 X 市高新区新兴材料工业园，2005 年 Z 地已有大小不等的现代企业 49 家，就业人数达 7000 余人。立足于乡土之

上的工业下乡时代已经成为历史，依托于现代科技和市场生存法则的工业下乡成为 Z 地的主旋律。

（二）工厂与村民：关系从紧张到恶化

1. 一体化关系破裂

随着 20 世纪 90 年代初国有企业衰败，工厂与村民之间维持近 30 多年的“蜜月期”结束，市场经济打破了之前厂民关系和谐的一面。

大约从 2005 年开始，村民与企业之间围绕着污染和补偿问题开始了一场“拉锯战”。特别是2010年，一颜料化工厂的数名工人被检查出血液“铬超标”，这件事情经村民口口相传迅速在当地传播开来，村民似乎找到了化工生产对工人的身体有负面影响的证据。2012 年 6 月，X 市环保局对 3 家违规排污的化工厂进行行政处罚，7 月责令一家违规排污的化工厂停产整治。数家化工厂违规偷排污染物的行为被公之于众，村民一段时间以来对化工厂偷排污染物的猜测被证实，增加了村民对化工厂这种违规行为的厌恶。

2. 企业“孤岛”化

随着传统工业下乡逐渐被现代企业下乡所取代，工农、厂民之间的关系也发生了极大的改变。随着共生关系的破裂，现代企业犹如坐落在 Z 地的“孤岛”。

在 20 世纪 90 年代以前，下乡工业在一定程度上有一个积极的嵌入村庄的过程。然而，随着国营企业改制以及民营企业进入，不招工、门难进、工厂以外来务工人员为主、补偿减少、污染加剧等一系列现象，使得原本嵌入村庄的共生一体关系完全脱嵌，现代化的化工企业突兀地存在于村庄之中，企业与村民之间似乎只剩下“污染”与“被污染”的关系。

随着新一轮现代化力量的深入，化工区输出的产品与村民的日常生活没有任何关联，生产过程中排放的毒气、废水、废渣却促使两者不断地走向共生的反面。如今的民营化工企业已然与 1949 年后“工业下乡”推动下到 Z 地来的国营工厂有着天壤之别。

（三）环境抗争：社会力量的反噬

随着私企的大规模进入，污染速度明显加快，污染程度加重，化工污染在村民环境意识逐步觉醒后开始成为真正的环境问题，为了维护村庄环境和个体家庭利益，村民或自己或利用外界力量开始了一系列抗争。

一方面，在村民环境意识和权力意识逐步觉醒的同时，抗争开始出现。由于部分化工厂排放废水导致庄稼减产，20 世纪末即开始有村民与个别化工厂发生冲突，如受损村民在找肇事化工厂无果后用垃圾、泥土封堵化工厂大门以及强锁化工厂大门的情况偶有发生；从 2002 年开始，化工厂支付工厂区周边的村民每人每年 130 元的蔬菜补贴，对化工区包围的水田给予农业税收补助。随着环境污染的加剧，2005 年，村民联合起来封堵化工厂区对外的主要货运通道，此后此类事件几乎年年发生。至 2010 年 6 月底爆发了持续 3 天的集体性堵路行动。这次堵路行动有一定的计划和部署，约 400 人参与，X 市领导亲自下乡召开现场协调会督办，并作出 3 年内解决污染问题和安装自来水、村民集体体检等承诺。此外，村民多次到各级政府上访，给国家信访局邮寄自己收集的信访材料，给数个电视台民生栏目打举报电话。在经过十多年的零散抗争后，村民开始意识到个体力量在环境污染抗争中的无力。2011 年，几位村民自发组成了一个“村民联防队”，开始把堵路事件中突发性、暂时性的集体力量常规化，从“心不齐”走向新一轮的联合，通过集体力量来监督化工厂的污染问题。然而，这种集体力量并没有维持太久，很快就消失殆尽。

另一方面，新闻媒体和更多的社会人士开始关注 Z 地的环境污染和饮水安全问题，这些关注让环境污染的社会影响迅速扩展。地方媒体在化工废水直排江河而对下游城市居民饮水安全问题构成威胁的议题下，从 2000 年开始关注并报道 Z 地的化工厂偷排废水污染江河问题，随后数个在国内较有影响力的媒体，如《人民日报》、新华社、《南方周末》纷纷报道包括 Z 地在内的湘江流域污染问题或转载相关文章，同时个别文化水平相对较高的村民及从该地走出去的大学生通过网络平台发帖揭露严重的污染问题。X 市环保协会、环保热心人士以及数个环保组织在该地进行污染追踪调查和环保知识宣传，一民间环保组织选取该地为常规性的观测站。

虽然污染问题没有得到彻底解决，但部分村民表示“还是有点效果”，化工厂支付的赔偿款增加了一些。特别是经过了 2010 年的集体性堵路事件后，由于环保的压力，部分化工厂开始准备搬迁。随着村民的不断上访、揭露等，特别是《人民日报》等国家级媒体的报道与 X 市一位关心 Z 地环境问题的领导将十年来的湘江水质监测报告上呈省领导，化工污染带来的流域水安全问题逐渐引起了中央和湖南省的重视。

尽管此一时期环保人士和社会力量对环境问题的积极影响效果已经显现，但作为被正式批准的化工基地和地方重要税收来源，Z 地环境治理工作的推进还需要更多的推力。

五、生态文明建设时期与环境问题的再造

2013 年 5 月 24 日，习近平总书记在主持十八届中共中央政治局第六次集体学习时指出：“建设生态文明，关系人民福祉，关乎民族未来。”党的十八大把生态文明建设纳入中国特色社会主义事业五位一体总体布局，明确提出大力推进生态文明建设，努力建设美丽中国，实现中华民族永续发展。这标志着我们对中国特色社会主义规律认识的进一步深化，表

明了我们加强生态文明建设的坚定意志和坚强决心[5]。中央层面对生态环境问题的高度重视推动了包括 Z 地在内的湘江环境治理工程，使得一段时期以来以牺牲环境换取经济发展的做法在很多地方被遏制。

随着生态文明建设重要性的提升，Z 地获得了新的发展机遇。2007 年 12 月，包括 X 市在内的城市群获批为“全国资源节约型和环境友好型社会建设综合配套改革试验区”； 2010 年 10 月，湖南省提出“打造东方莱茵河”的宏伟计划；2011 年 3 月，国务院正式批准《湘江流域重金属污染治理实施方案》，Z 地名列其中。

党的十八大之后，针对 Z 地的环境治理与改造工作全面启动，包括化工企业停产、搬迁，重金属治理，土壤修复和新区建设等环节。2013 年 3 月，十二届人大一次会议湖南代表团会议上，时任湖南省委书记表示以“壮士断腕”的勇气解决湘江重金属污染，正式开启了湘江污染治理工程。2013 年 9 月，湘江保护与治理被确定为省“一号重点工程”。 2014 年 10 月 1 日，Z 地最后 28 家化工企业实现第一期关停工作，大部分企业开始搬到其他城市及 X 市其他工业园区，此期间内多位领导到 Z 地视察化工企业搬迁工作和污染治理工作。随着市政府对各化工厂厂房、设备进行征收，Z 地被重新规划为“一带四区”格局，即公园景观带（含工业遗址主题公园）、文化时尚创意中心、滨江商业金融区、创智生活区、国际会展中心。

张玉林认为“政治经济一体化”机制是理解我国一段时间以来环境恶化和环境冲突加剧的关键[6]。那么如何中断环境恶化和环境冲突呢？无疑，从 Z 地的环境治理过程来看，因化工厂为地方政府的重要税收来源，地方政府才陷入“政治经济一体化”体制之中，而中央政府则有中断这一机制的权力，来自中央政府的决策使得日益严重的环境污染难题具有解决的空间。在这一环境治理工程中，所谓“断腕”无疑指的是断“以牺牲整个流域的生态环境而片面追求地方经济发展”之腕，中央的政策压力迫使地方政府在权衡利弊之后做出符合国家环境治理精神的决策，积极落实生态文明建设战略布局。

同样是水污染治理，Z 地的水污染治理与曾经同样深受污染问题困扰的秦淮河的治理在动力上存在较大区别。周晓虹发现，“秦淮河的污染治理更主要是受到了提高或改善城市或政府形象和谋求市场经济利益的双重力量的推动”[7]。Z 地的环境治理不是受到了市场经济利益的推动而是要中断该地市场经济无序发展步伐。中央政府从生态文明建设战略出发，及时解决了 Z 地污染问题看似无解的难题，新的生态改造工程取代了工业下乡之于 Z 地的历史。

六、结 论

Z 地工业下乡、厂民关系、环境问题历经 4 个时期、3 次转折。通过各个时期的环境演变发现，环境问题既是一个客观现实，也是政府、市场与农民之间因宏观的战略、中观的生存环境与微观的利益关系的变化而不断建构的结构性产物。

顾金土认为我国农村工业污染的制度原因在于地方政府与企业形成了利益共同体，而当地居民则成为经济环境决策的局外人和环境污染的受害者[8]。这种观点忽略了新中国成立初期推行“工业下乡”政策在平衡工业与农业、城市与农村、工人与农民之间关系，缩小两者差距的战略考量，以及下乡工业曾经在农村地区所取得的积极意义。可以发现，全国很多地方在相当长的一段时期内，包括化工企业在内的工业是嵌入农村社会之中的，并对农村贫困状况的改善起到了积极作用，此一时期工业布局和投入同样着眼于最底层人民的利益。

参考文献

[1] 毛泽东 . 建国以来毛泽东文稿：第 7 册 [M]. 北京：中央文献出版社，1992.

[2] 陈涛 . 环境治理的社会学研究：进程、议题与前瞻 [J]. 河海大学学报（哲学社会科学版），2020（1）：53-62.

[3] 费孝通 . 中国乡村考察：第五卷 [M]. 北京：人民出版社，1991.

[4] 毛泽东 . 毛泽东选集：第五卷 [M]. 北京：人民出版社，1997.

[5] 中共中央文献研究室 . 习近平关于社会主义生态文明建设论述摘编 [M]. 北京：中央文献出版社，2017.

[6] 张玉林 . 政经一体化开发机制与中国农村的环境冲突 [J]. 探索与争鸣 ,2006（5）：28.

[7] 周晓虹 . 国家、市场与社会：秦淮河污染治理的多维动因 [J]. 社会学研究，2008（1）：143-163.

[8] 顾金土 . 乡村工业污染的社会机制研究 [D]. 北京：中国社会科学院，2006.

武汉市街道综合行政执法改革实践及深化对策研究[①]

一、引言

（一）问题的提出

街道综合行政执法改革是贯彻落实党中央决策部署，适应新时代改革要求，进一步推进城市基层治理体系和治理能力现代化的关键一环。党的十八大以来，以习近平同志为核心的党中央高度重视基层管理体制改革。党的二十大报告强调“扎实推进依法行政”“完善基层综合执法体制机制”。2020 年，湖北省委办公厅、省政府办公厅印发《关于深化街道管理体制改革的实施意见》，要求在市场监管、交通运输等五大领域综合执法的同时开展街道综合行政执法改革。2021 年，湖北省人民政府《关于印发湖北省街道赋权事项指导清单等“两清单一目录”和推进街道赋权事项承接运行确认制度的通知》，要求各市（州）人民政府督促所辖区（市）人民政府结合法律法规、简政放权、机构职能调整及基

① 本调研报告成稿于 2022 年。

层需求等情况，指导街道逐步加大赋权事项承接力度，推动放权赋权，明确街道职能定位。

2020 年 6 月开始，作为超大城市的武汉市深入推进党建引领基层治理创新，加快街道管理体制改革步伐，着力构建简约高效基层管理体制机制，扎实推进街道综合行政执法改革，努力交出基层治理体系和治理能力现代化的“武汉答卷”。

然而，街道综合行政执法改革也面临着来自街道的法律地位、行政执法资格、行政管理体制、职权事项调整、执法队伍建设等多方面的挑战和困难。如既没有设立市区层级的综合执法局作为主管部门，也没有建立起有效的协商议事机制。目前的街道综合行政执法仍然以原城市管理行政执法为主，其他赋权事项的相关部门没有下沉编制和执法人员，也没有配套的下沉工作机制；下沉街道执法人员因执法经验不足等因素影响而难以适应综合行政执法的要求；强调赋权工作的推进，而对街道能否“接得住”“接得好”重视程度不够，缺乏有效评估和执法事项回收机制等。

因此，对目前正在改革过程中的街道综合行政执法工作进行研究十分必要，对促进街道综合执法改革由机构设立、人员转隶的“物理反应”向有效综合执法的“化学反应”转化，推进武汉市治理能力与治理体系现代化具有现实意义。

（二）资料收集方法与过程

本研究主要采取社会学、人类学田野研究方法，研究者通过深度参与以及观察的方式收集材料。

此次研究始于 2020 年 10 月，笔者以驻点调查人员的身份进入武汉市江夏区 W 街道办事处（下文简称“W 街道”），了解该街道管理体制改革工作的开展情况。2022 年 4 月开始，笔者进入汉阳区 L 街道办事处（下文简称“L 街道”）开展驻点调研。2022 年 7 月，笔者及学术团队对汉南区（武汉市经济技术开发区）7 个街道办事处进行了走访调研。

二、武汉市街道综合行政执法改革的主要措施

《中共中央　国务院关于加强基层治理体系和治理能力现代化建设的意见》中指出“基层治理是国家治理的基石，统筹推进乡镇（街道）和城乡社区治理，是实现国家治理体系和治理能力现代化的基础工程”，并将“构建党委领导、党政统筹、简约高效的乡镇（街道）管理体制”作为“完善党全面领导基层治理制度”的重要内容之一，进一步明确要求增强乡镇（街道）行政执行能力、为民服务能力、议事协商能力、应急管理能力、平安建设能力等。深化街道管理体制建设对于当前我国加强基层治理体系和治理能力现代化建设具有极其重要的作用。

作为超大城市的武汉市在 2011 年开始开展街道“大部制”改革，2015 年探索构建适应基层社会治理创新要求的街道行政管理体制，2019 年试点“民有所呼、我必有应”街道行政管理体制新模式，2020 年推行党建引领加强基层社会治理和深化街道管理体制改革。

（一）市级层面的主要措施

2020 年的街道管理体制改革涉及执法主体变化，即街道由没有行政执法权到拥有一定的行政执法权，这涉及上位法的法律授权。在《中华人民共和国行政处罚法》（下文简称《行政处罚法》）于 2021 年进行修订后，湖北省开始推进此次改革工作。

1. 统一改革要求

2020 年 6 月，湖北省委办公厅、省政府办公厅印发《关于深化街道管理体制改革的实施意见》，要求街道统一设置党员群众服务中心（挂政

务服务中心、退役军人服务站牌子）、社区网格管理综合服务中心、综合行政执法中心 3 个直属事业单位。因此按照湖北省改革统一要求，武汉市委办公厅、市政府办公厅出台《武汉市深化街道管理体制改革的实施方案》，要求调整基层执法管理体制，以街道城市管理执法机构为基础，整合现有站所执法力量和资源，组建街道综合行政执法中心，以街道名义开展执法工作，统一实行街道“一支队伍管执法”；按照违法行为易于确定、执法程序简便易行的原则，“应放尽放”确定街道执法事项，建立街道行政执法目录；街道统一指挥、统一管理、统一调度辖区内综合行政执法工作，建立以街道综合行政执法中心为主体，重点部门派驻执法、相关部门报到执法相结合的街道综合行政执法体制。

为了明确街道职能定位，突出街道党工委统筹协调功能，保障街道在城市基层党建、经济发展、社会管理、矛盾化解等方面发挥枢纽作用，武汉市在湖北省制定的街道赋权事项“两清单一目录”基础上，按照中心城区、新城区不同类型，分别编制了《街道权责事项指导清单》和《街道赋权事项指导清单》，要求街道权责事项认领率 100%，中心城区街道对于赋权事项的承接率为 53%，新城区街道对于赋权事项的承接率为 73%，将街道迫切需要且能有效承接的审批、服务、执法权限下放至街道。

2. 优化配置

全市街道党政机构和事业单位统一按“4+2+3”设置，即 6 个内设部门和 3 个直属事业单位相结合。市一级向街道调增行政编制 468 名，全市增加街道事业编制 4665 名；街道行政编制由改革前平均每个街道 28 名增加到 32 名，增幅达 14%；街道事业编制由改革前平均每个街道 8 名增加到 35 名，增幅超过 3 倍。武汉市 2021 年度录用公务员中，街道（乡镇）、司法所、派出所等基层单位录用 634 名，占总数的 64.9%。2021 年度各街道事业单位计划招聘 747 人，约占区级招聘计划总量的3成，其中党员群众服务中心计划招聘230人，社区网格管理综合服务中心计划招聘203人，综合行政执法中心计划招聘314人，人员到位后将极大缓解基层用编用人缺口问题。

3. 建立机制提效能

武汉市委指导各区制定《街道统一指挥协调延伸派驻机构实施办法》等11个配套政策措施，建立全域统筹、上下贯通、多方联动、优化协同的运行体制机制，推动街道对辖区范围内各类机构统一指挥协调、人员统一管理、资源统一调配、工作统一安排。针对执法体制调整后街道综合行政执法中心运行机制不顺等问题，市司法局、市城市管理执法委员会等相关部门在广泛调研、征求意见的基础上，形成了推进街道综合行政执法中心规范化建设的指导意见。

通过街道综合行政执法改革，进一步深化、拓展、丰富和巩固了武汉市2015年街道行政管理体制改革、2019年“民呼我应”街道行政管理体制改革的经验和成果。初步形成了加强党的全面领导和“审批服务一窗口、综合执法一队伍、基层治理一网格、指挥调度一中心”的“1+4”基层治理模式，为超大城市基层社会治理体系和治理能力现代化提供了体制机制保障。

4. 指导执法改革工作

2022年3月，武汉市人民政府办公厅印发《武汉市开展行政执法协调监督工作体系建设试点工作实施方案》，在全市探索建立基层全覆盖的行政执法协调监督工作模式。2022年7月8日，武汉市人民政府办公厅发布《关于加强全市街道综合行政执法规范化建设工作的通知》，明确街道综合行政执法中心作为街道办事处下设机构，以街道办事处名义，依法行使法律赋予的和经法定程序下放的行政处罚、行政检查和行政强制权，并明确自2022年9月1日起施行，自实施之日起，街道综合行政执法中心依法开展街道综合行政执法工作，各区相关行政主管部门不再实施已赋权的执法事项（已立案未办结的除外）。武汉市街道综合行政执法改革工作推进约一年半之后，由街道办事处执法代替了城市管理执法局执法。2022 年 7 月 12—15 日，武汉市司法局开展了全市街道综合行政执法示范培训，全市各区行政执法分管领导及部门、司法所、街道综合行政执法中心负责人、执法骨干共计 83 人参加了培训。

（二）区级层面的主要措施

在武汉市委、市政府的统一领导与部署下，各区的街道管理体制改革工作基本同步进行，各区上报的实施方案在市委的批准下施行。本部分主要针对汉阳区的改革进行阐释。

1. 改革文件制定

在《武汉市深化街道管理体制改革的实施方案》基础上，各区纷纷制定了深化街道管理体制改革工作实施方案。以汉阳区为例，汉阳区于 2020 年 9 月 24 日召开区委常委会，专题研究审议了《武汉市汉阳区深化街道管理体制改革实施方案》；会议通过后，于 9 月 25 日以汉阳区委名义向武汉市委报送《武汉市汉阳区深化街道管理体制改革实施方案（送审稿）》；2020 年 10 月 15 日，《武汉市汉阳区深化街道管理体制改革实施方案》经省委批准，市委、市政府正式印发。

在研究制定区级街道管理体制改革实施方案的同时，汉阳区参考省级街道管理体制改革厅际联络工作机制，组织部门、政法部门、司法部门等单位分工负责，研究拟制了符合实际的《赋权承接工作方案》《统一指挥协调延伸派驻机构实施办法》等 5 个第一批街道管理体制改革配套政策措施，经区委常委会审议后，以各部门名义印发。按照省级工作提示，汉阳区研究拟订了《汉阳区职能部门职责下沉准入实施办法（试行）》《汉阳区街道党的“大工委”和社区“大党委”机制实施办法（试行）》等6个第二批配套政策措施。

2. 正式启动街道管理体制改革

以汉阳区为例，2020年4月，汉阳区主要领导开始调研街道管理体制改革工作，此时全市改革工作尚在酝酿之中。2020年10月16日，汉阳区召开全区深化街道管理体制改革动员大会，会上对《汉阳区深化街道管理体制改革实施方案》的主要精神进行了宣讲，主要领导对改革的重点工作和下一步安排进行了部署，区人大、政协以及分管区长与相关涉改部门主要负责人、各街道主要领导、分管领导等共计70余人参加了动员大会。借此次动员大会之机，区委组织部、区委机构编制委员会办公室、区司法局、区大数据中心组织各街道分管领导、科室负责人对改革实施方案及5项配套政策措施进行了具体解读和重点培训，帮助各街道理清改革思路、明确改革重点任务，为改革落地见效打下基础。

3. 制定街道“三定”方案，规定执法中心权责

根据街道管理体制改革实施方案，2022年11月1日，《中共武汉市汉阳区委员会街道办事处职能配置、内设机构和人员编制规定》经汉阳区委机构编制委员会审议后，以区委办公室、区政府办公室名义印发至各街道，这也为街道综合行政执法力量的配置奠定了基础。此方案对街道综合行政执法中心的职权、编制、管理办法等进行了明确，规定街道综合行政执法中心为公益一类副处级事业单位，主要职责是：按照有关法律规定相对集中行使行政处罚权，在法定授权范围内以街道名义开展执法工作，并接受区有关职能部门的业务指导和监督。

4. 赋权事项下沉

2021年8月，汉阳区制定了《汉阳区赋权事项承接确认书》，各街道办事处主任与区城市管理执法局、区住房保障和房屋管理局 、区

建设局等8部门负责人分别签字，从此街道层面确认承接140项赋权事项（表1）。

汉阳区8部门赋权事项类型分布表（单位：项） 表1

部门	行政给付	行政确认	行政处罚	行政强制	行政检查	其他	总计
城市管理执法局	0	0	81	3	3	0	87
住房保障和房屋管理局	0	2	11	0	1	0	14
建设局	0	0	6	0	0	0	6
民政局	2	3	0	0	0	0	5
水务和湖泊局	0	0	14	0	0	0	14
卫生健康局	0	0	8	0	0	0	8
应急管理局	0	0	0	0	3	2	5
园林和林业局	0	0	0	0	1		1
总计	2	5	120	3	8	2	140

5. 职能部门力量下沉

为推进汉阳区各职能部门力量下沉，进一步增强街道统筹协调能力，2021年4月以推进行政执法力量向街道基层延伸为目标，以“区属、街管、街用”为原则，将市场监督管理所、司法所、城市管理执法中队的人事管理关系、工资关系、党组织关系按属地管理原则转入各街道，探索建立重心下移、统筹高效、权责一致的综合行政执法管理模式。汉阳区印发了《区市场监督管理局关于执法力量下沉事权划分的实施方案（试行）》《关于区城市管理执法局执法力量下沉街道执法权利事项的通知》，要求区级业务主管部门加强对应业务口径工作的指导、监督。按照“人随事走，费随事转”的原则，执法工作经费由原区直相关部门一并划转至街道，下沉执法人员经费由原区直相关部门一并划转至街道。

6. 解决组织人事调整难题

汉阳区各街道办事处成立综合行政执法中心之后，以区城市管理执法局为主，在下沉干部中选拔任命了综合行政执法中心主任，8 名科级干部被提拔为四级调研员。针对目前街道存在多种编制类别“共存”、人员身份“多样”的现实情况，汉阳区制定了《关于街道执法机构工作人员管理有关问题的意见（试行）》。明确基层执法人员职务职级晋升、轮岗交流以及日常管理的规定，突出街道主体责任。在职务职级晋升上，明确街道党工委负责城市管理执法局参公人员和派驻机构人员的职务职级晋升工作，同时在动议、考察环节充分征求相关职能部门党委（党组）意见。在日常管理上，城市管理执法局参公人员和派驻机构人员参加街道党工委组织的平时考核、专项考核和年度考核；同时，街道党工委对违纪违法的干部有处理处分权。

（三）3 个街道的探索实践

街道综合行政执法的落地工作在街道，因此各街道结合实际情况也纷纷开展了探索实践工作。本研究以位于中心城区汉阳区的 L 街道、位于新城区江夏区城乡接合部的 W 街道、位于新城区汉南区位置偏远的 S 街道 3 个街道的改革为例，展示武汉市不同类型街道的综合行政执法改革情况。

1.L 街道

L 街道采取了以下措施：

一是建立联勤派勤制度。为加强街道内部各执法科室的协调配合度，加大对街道综合行政执法工作中具体问题的协调解决力度，经街道党工委同意，建立了“L 街道综合行政执法研判派勤工作会议制度”，每周召开派勤会议，重点围绕考核扣分事项、执法类投诉事项，共同分析研判，形成整改措施和应对方法，制定具体行动计划，部署执勤力量。

二是扩展路长制工作制度。L 街道以路长制为依托，在全市“1+2+*N*”的模式基础上，发挥区市场监督管理所下沉街道管理职能作用，按照“人员统筹、分片包干、全科执法、定期轮换”的指导原则，进行街道综合行政执法体制改革探索。推出“城市管理执法 + 市场监管”“双路长制”工作机制，实现一支队伍全科执法，每位路长既管“店里面”也管“路面上”。由综合行政执法中心 8 人、市场监督管理所 8 人、协管员 48 人，依照“就近连片、工作便利”原则，将辖区分为 8 个执法网格，每个网格按照“2（路长、路长助理）+2（楼长、店长）+*N*（共治力量）”的模式进行人员配置，实行路长分片负责，包干执法事项。

三是借助深根工程形成合力。依托社区“阳小驿”户外工作者驿站建立 8 个路长工作室，实现执法阵地前移，把工作室变成了政策法规宣传阵地、受理群众投诉阵地、案件处理阵地，打通服务群众最后 50 米。

四是完善“双报道”机制，建立报事反馈问题到解决问题的闭环机制。实现“网格长吹哨，路长报道”“路长吹哨，部门报道”。以智慧平台为载体，充分利用网格长直通车、智慧环卫平台、路长制办公小程序，发挥网格长、环卫及共治力量前沿哨所作用，发现问题及时报事给路长，由路长统筹协调解决在一线。建立街道研判派勤工作会议制度，由执法中心定期组织路长、司法所、市场监督管理所、相关科室负责人、法律顾问对“民呼我应”平台、网格直通车、巡查发现等渠道搜集的“疑难杂症”进行集中分析研判，拿出具体办法，统一做出派勤决定，实现街道层面综合行政执法调度。

2.W 街道

W 街道作为新城区城乡接合部的街道针对综合行政执法开展了积极探索工作，主要措施如下：

一是根据江夏区街道综合行政执法改革方案，与区城市管理执法局、区住房和城乡建设局、区财政局、区人力资源和社会保障局、区交通运输局、区卫生健康局等 10 家职能部门完成了整体移交工作。W 街道共接收转隶人员 58 名。

二是将现有事业编制人员和转隶人员分配到3个中心之中。根据W街道实际情况，通过人员分工调整，将现有事业编制人员和转隶人员分配到党员群众服务中心、社区网格管理综合服务中心、综合行政执法中心。积极修整完善了各自的办公场所，完成了机构挂牌、人员划转、印章启用等工作，工会、党支部逐步健全。根据转隶人员的专业和特长，明确了3个中心牵头负责人。

三是发挥优势，在控违拆违领域立标杆。街道基于工作量及街道发展最新阶段特点等因素考虑，将主要力量配置到综合行政执法中心，特别是原城市管理执法中队、国土资源管理所、房地产管理所的人员形成合力，全面掌握新建楼盘和别墅装修领域的政策法规，有力地遏制了辖区内大型新建楼盘和别墅区的违建问题。

3.S 街道

S 街道综合行政执法的主要改革措施如下:

一是成立街道综合行政执法中心。S 街道综合行政执法中心于 2021 年 1 月挂牌成立，核定事业编制人员 27 名。所有街道综合行政执法中心在编人员、协管员及聘用人员组合为一体。

二是明确承接事项赋权。街道承接赋权事项 193 项，其中行政处罚类 164 项、行政检查类 13 项、行政强制类 5 项、其他类 11 项。街道综合行政执法中心执法一队主要从事城市管理工作，执法二队主要从事城市管理执法局业务范围以外的大气污染、土地、林业、山体、卫生计生、湖泊等管理和行政执法工作。

三是建章立制强管理。S 街道综合行政执法中心制定了《S 街道综合行政执法中心职责分工》，建立了中心—执法队（一队和二队）—执法分队—管理小队 4 级管理模式，明确了所有人员的管辖区域及岗位职责，严格按要求落实定人、定岗、定责。制定并出台了《S 街道综合行政执法中心劳动纪律管理制度》《S 街道综合行政执法中心劳务派遣制执法协管员绩效考核方案》《S 街道综合行政执法中心协管员月度考核细则》等。

三、街道综合行政执法改革带来的治理效能

2011 年《国务院关于加强法治政府建设的意见》要求继续推进行政执法体系改革，合理界定执法权限，明确执法责任，推进综合执法，减少执法层级，提高基层执法能力。综合执法改革的初衷一方面是理顺行政执法体制，有效避免多头执法、重复执法行为发生；另一方面综合行政执法改革要朝着法治化、标准化、智慧化与精细化方向推进，规范行政执法行为并提升我国行政执法能力。

本研究从执法主体、执法权限、执法领域、执法程序、执法能力等方面总结作为超大城市的武汉市此轮街道综合行政执法改革带来的效能。

一是在法理授权之后在政策上赋予街道执法主体资格。2021 年修订的《中华人民共和国行政处罚法》第二十四条规定，“省、自治区、直辖市根据当地实际情况，可以决定将基层管理迫切需要的县级人民政府部门的行政处罚权交由能够有效承接的乡镇人民政府、街道办事处行使，并定期组织评估。决定应当公布。承接行政处罚权的乡镇人民政府、街道办事处应当加强执法能力建设，按照规定范围、依照法定程序实施行政处罚。”这是我国首次由法律明确街道办事处能够承接行政处罚权。

得益于《中华人民共和国行政处罚法》的修订，街道办事处在一定程度上拥有行使行政处罚权的资格，这也让接下来的政府机构改革得以进行。行政处罚法的修订，让省、市层面地方机构职能定位、机构设置及机制运行于法有据。

二是组建了综合行政执法队伍。此次改革强调街道单独进行行政处罚工作，即街道同样实行“一支队伍管执法”，因此在各区定职能、定机构、定编制的“三定”方案中均明确了单独设置综合行政执法中心。各区设置的街道综合行政执法中心为公益一类、副处级事业单位。武汉市中心城区的748名城市管理执法参公人员①划转到街道综合行政执法中心，约占各区城市管理执法局所有编制的1/2，并转交执法记录仪、执法车辆、服装等。2021年武汉市事业单位招考人员中70%的岗位面向了街道，有效增加了各街道事业单位的“新鲜血液”。

汉阳区选取辖区面积、常住人口数、财政收入、执法总量等因素进行分档测算、补足和微调，既保证了各街道综合行政执法中心核定事业编制不少于15名，又确保了辖区面积较大、执法量较多的街道综合行政执法中心事业编制达到19名的差异化设置，全区各街道综合行政执法中心核定事业编制总量达到178名。

江夏区各街道综合行政执法中心的配置事业编制21名，街道综合行政执法中心事业编制数量超过街道党员群众服务中心、社区网格管理综合服务中心事业编制总数量的总和。

汉南区本级调剂21名事业编制用于街道直属事业单位，各街道党员群众服务中心有11～15名事业编制，社区网格管理综合服务中心（社会治安综合治理中心）有5～10名事业编制，综合行政执法中心事业编制21～25名。

三是确认了执法领域与事项。根据湖北省委办公厅、省政府办公厅印发的《关于深化街道管理体制改革的实施意见》以及《省人民政府关于印发湖北省街道赋权事项指导清单等“两清单一目录”和推进街道赋权事项承接运行确认制度的通知》的有关精神，武汉市委机构编制委员会办公

① 参照《中华人民共和国公务员法》相关规定进行管理的人员。

室会同司法、政务管理等部门在充分调查研究和征求各级意见的基础上，编制形成了《武汉市街道通用权责清单（中心城区）》《武汉市街道赋权事项指导清单（中心城区）》。根据市级指导清单，各区在征求相关职能部门及街道意见的基础上，编制形成了“区街道职权清单”“区街道行政执法事项目录”。

如《汉阳区街道职权清单》包含街道应履行的法定权力事项和街道认领的赋权承接事项。其中：法定权力事项 46 项（涉及行政确认 6 项、行政给付 8 项、行政处罚 3 项、行政检查 7 项、行政强制 4 项、其他类 18 项），赋权承接事项 140 项。《汉阳区街道行政执法事项目录》包含 146 项行政执法事项，其中：行政处罚 123 项、行政强制 8 项、行政检查 15 项。

作为新城区的汉南区街道承接赋权事项 193 项，其中城市管理执法局 89 项、住房保障和房屋管理局 26 项、水务与湖泊局 21 项、农业农村局 21 项、自然资源和规划局 15 项、卫生健康局 8 项、应急管理局 8 项、民政局 5 项；按职权类型分：行政处罚类 164 项、行政检查类 13 项、行政强制类 5 项、其他类 11 项。

四是明确了执法程序。此次改革很快统一了城市管理执法的流程，特别是信息化办公平台的启用，保证了执法的规范化、标准化。

2022 年 8 月底，武汉市各街道开始了执法公开工作，均出台了街道行政执法公示办法、街道行政执法全过程记录办法、街道重大行政执法决定法制审核办法等，对以街道为主体的行政执法流程及相关事宜进行了严格规定。

四、武汉市街道综合行政执法改革面临的主要问题

综合行政执法是相对于分散执法而言，重在解决因行政执法分工过细、职能分散、权责交叉、部门林立、机构重叠等现象导致的执法缺位、

越位、错位问题。此次武汉市街道综合行政执法改革工作提升了基层治理效能，不过在实际工作中，该项改革工作的落实仍面临着5个方面的问题:

一是“综合”程度还有待进一步加强。综合行政执法，在本来的意义上包含行政执法的外延所涵盖的内容，即行政许可权、行政征收权、行政强制权、行政处罚权等方面的权力及其主体、机制、制度等方面的综合。目前授权给街道办事处的行政执法事项较为分散，多是涉及行政处罚权的事项，因此除了行政处罚权事项外，其他类型的事项授权还有待加强。

二是无牵头或协调机制，执法体制有待进一步顺畅。此次改革因为属于政府机构改革的一部分，因此在前期各区的区委机构编制委员会办公室作为牵头部门，然而在机构成立、编制设置到位后，行政执法工作的推进就自然而然成为以行政业务为主的工作任务，显然区委机构编制委员会办公室难以胜任；而城市管理执法局作为此次下沉人员最集中、赋权事项最多的部门，因赋权后新的工作任务较重而难以成为协调部门；司法行政部门由于自身编制数量较少，原工作范围以刑法、普法为主，行政法相关工作原本是其薄弱的领域，在实际中也难以成为协调部门。因此，街道行政执法改革进入深水区后暂未建立起完善的协调机制。

在实践中，除城市管理执法局系统外，街道出现的个性化问题仍沿用“工作联系函”的模式与各职能部门进行沟通、磋商，执法效能未得到有效释放，执法专业性、时效性难以得到有效保障。

三是人员管理面临新挑战。由于各地机构改革工作中各有特色的实践举措，多种人员身份并存的情况是一种客观事实。具体到此次机构改革工作中，就出现了行政编制、参照公务员编制、事业编制、编制外人员等身份并存局面。人员身份的不同导致在职级晋升、工资薪酬等方面存在差异，给人员日常管理带来了新的挑战。

四是综合行政执法工作对执法人员素质提出了更高的要求。赋权街道事项涉及 8 个部门，涵盖行政处罚、行政检查、行政强制等 6 大类别，内容广泛而庞杂。目前街道执法人员仅对城市管理、市场监管类别的事项较为熟悉，对其他领域各部门法律法规、违法行为的认定、执法权限的行使等均较为陌生。虽然此前各区司法行政部门组织开展了执法专业培训，但受年龄限制、工作任务繁重等多重因素影响，短时间内执法人员能力仍难以满足基层执法对综合素质的要求。

另外，由于市、区两级主要行政部门（除城市管理执法局、交通运输局外）行政处罚案件办件较少，多是行政检查、行政许可、投诉案件处理。因此，市、区两级的执法人员多没有进行行政执法的实务经验，本身对行政处罚案件较为陌生，也导致了以实际案例对街道执法人员进行培训较难开展。

五是信息平台难以彻底打通的问题。《武汉市人民政府办公厅关于加强全市街道综合行政执法规范化建设工作的通知》要求依托智慧城管监督执法平台建立街道综合行政执法平台，但该平台仅为执法办案平台，与投诉举报、市容监管、智慧办公平台等并未打通使用。街道行政执法仅城市管理一个领域就有督导通、12345 投诉平台、城市留言板、区级“互联网 + 环卫”平台、协管员平台等多个信息平台，需要安排专职工作人员进行跟踪处理，这部分工作消耗了执法中心较多工作精力。

五、其他城市改革经验借鉴

街道管理体制改革和街道综合行政执法改革是国家推进机构改革的重要部分，也是国家治理能力和治理体系现代化的重要实践。全国各省市结合自身情况积极探索综合行政执法，形成了一些先进经验。本研究选取了北京、上海、杭州、深圳等地的改革过程和措施，从机构设置、下沉执法事项、队伍建设、信息化建设、执法模式探索等方面作了大致梳理（表2）。

部分其他城市街道综合行政执法改革措施　　表2

地区	机构设置	下沉执法事项	队伍建设	信息化建设	执法模式
北京	北京市城市管理行政执法局负责统筹指导和综合协调基层综合行政执法工作，各街道（乡镇）成立综合行政执法队	将431项行政执法职权下放至街道办事处和乡镇人民政府，并由其依法行使与之相关的行政检查权	及时补充基层综合执法队伍人员力量，严禁随意抽调、借调基层执法人员	建立执法信息共享机制	街道吹哨、部门报到
上海	上海市城市管理行政执法局；各街道（乡镇）成立综合行政执法队	401项行政执法事项下放至街道办事处和乡镇人民政府	原城市管理执法局执法中队成为街道乡镇的执法机构	搭建“智慧城市管理执法局”平台，24小时不间断运行，将华为云、大数据、人工智能、边缘计算、5G等多种技术与社区治理相结合，弥补管理人员力量不足的短板	全流程、全闭环非现场执法方式
深圳	在每个街道设立一个综合执法队，分别配备执法人员和协管员	涉及18项行政执法权、475项行政执法事项被纳入街道综合行政执法的范畴	市区城市管理执法局和综合执法局下沉；新录用街道综合行政执法人员必须具备法学专业背景或者具有2年以上法律工作经历	建立以“三库一平台”（法律法规库、执法事项库、典型案例库）为内核的“智能辅助执法平台”，将街道综合行政执法指南纳入智能化检索	“深圳全面实施街道综合行政执法，切实提升基层依法治理能力”入围2021年度深圳“十大法治事件”

续表

地区	机构设置	下沉执法事项	队伍建设	信息化建设	执法模式
杭州	街道设内设科室——综合执法办公室（综合执法队），以街道名义执法	涉及城市管理、人力资源和社会保障、住房和城市建设、文化和广电旅游体育、卫生健康 5 个部门 16 个领域共计 288 项下沉执法事项	综合执法办公室人员由区城市综合行政执法局人员组成，共 18 人	利用数字技术和设备，“非接触性”点对点开展执法巡查、线索发现、证据固定等，构建精准、高效、立体的综合行政执法模式	大综合行政执法模式
南京	街道设内设机构——街道综合行政执法局，全权负责街道执法事项	涉及民族宗教、教育、市场监管、城市管理、应急管理、水务、人防、住房保障、建设 8 个领域共计 283 项处罚权	综合执法局 40 人左右，由市场监管、城市管理、街道本级人员组成	在区级层面研发综合执法信息平台和移动端执法应用程序（APP），对接相关部门业务平台，实现执法过程全程记录，以及电子监察、动态统计考核	推进综合行政执法体制改革和网格化融合发展，网格员和执法队员实行巡办分离

注：表格中相关内容的最后统计时间为 2022 年 10 月 31 日。

其他省市的改革经验，如：2021 年 3 月 31 日，河北省第十三届人民代表大会常务委员会第二十二次会议通过《河北省乡镇和街道综合行政执法条例》，明确赋予街道办事处与乡镇同样的行政执法地位。

广东省揭阳市自 2022 年 8 月 1 日起，对 19 项专业性强、乡镇街道确实无法有效承接的以及因相关法律法规修改、废止等原因不能下放的行政执法事项予以收回，各乡镇街道不再行使。

2021 年 4 月，中共安徽省委全面依法治省委员会印发《安徽省行政复议体制改革实施方案》，安徽省及各市行政复议案件开始全部网上公开，极大增加了基层政府和街道对行政复议结果的知情权。

湖北省宜昌市夷陵区成立了区综合行政执法局，所有执法案件、执法信息等全部在网上公开，猇亭区专门成立了区行政执法监督局，负责行政执法监督工作。

六、对策建议

立足武汉市街道综合执法改革的实际开展情况，借鉴已有社会治理理论和其他地方的实践经验，提出如下对策建议：

第一，建立《街道赋权事项指导清单》动态调整机制。按照一定周期对指导清单内事项根据客观情况、专业程度等指标进行调整，把不符合基层急需、基层无能力承接的事项删除，将基层需要、有能力承接的事项增加，避免指导清单成为固定清单。

第二，修订《武汉市街道办事处条例》相关内容，赋予街道办事处与乡镇、区直属部门同等行政执法权。

第三，成立区级行政执法协调监督领导小组，负责牵头综合行政执法改革工作推进。鉴于目前机构编制委员会办公室、司法局、城市管理执法局等在牵头行政执法协调监督方面的现实局限，建议由政府办公室牵头，小组成员单位包括改革工作与赋权事项相关部门、市场监督管理局等职能部门。

第四，开展委托执法试点。利用市场监督管理所直接下沉至街道的优势，开展事权委托试点。国家层面自上而下的行政执法权下放，已有《中华人民共和国行政处罚法》作为法律依据，省级政府决定赋权事项清单，体现了下放权限的“法律授权”属性。根据《中华人民共和国行政处罚法》第 20、21 条规定，行政机关依照法律、法规、规章的规定，可以在其法定权限内书面“委托”符合条件的组织实施行政处罚。及时完善职能部门与街道办事处两个执法主体之间的委托法律关系。结合街道现实需求，可积极推动街道办事处与市场监督管理局建立委托法律关系。具体而言，将赋权事项清单内适用简易程序性的市场监管类职能“委托”街道，由街道综合行政执法中心与市场监督管理局派驻于街道的市场监督管理所共同执法，但审批权仍归属于市场监督管理局。

第五，优化智慧城管执法监督平台，建立街道与赋权部门联动机制。建议对平台进一步实施优化，真正实现一网通办，对执法效能考核减量增质，由市区部门加强联动力量有效作为率的考核。建立街道与赋权部门在辅助证据提供、执法协助、案件移交、平台信息共享等方面的联动机制，特别是涉及执法取证类事项、基础信息共享等。由市区协调将城市公安、交通管理、城市管理等部门在道路、桥隧设置的视频接入街道指挥平台，便于快速发现和处置问题，加快街道信息化指挥系统建设。

第六，赋权和赋予专业力量同步进行到位。在相关职能部门开展赋权事项到位的同时，各部门的专业力量要及时匹配到位，可采取专业力量下沉或者专业力量坐班制度，同时加强法律法规培训、案例培训、现场教学等，避免出现街道承接了行政执法事项却缺乏专业力量、专业手段的局面。

第七，设立“综合行政执法证”。目前虽然名为“综合行政执法”，但独立领域人员执法的工作模式仍常见；因此，建议取消行政执法证分领域设立的传统做法，设立统一的“综合行政执法证”，破除基层行政执法人员不足的问题。

第八，落实司法行政的法制审核、监督作用。司法行政机构的法制审核作用和监督功能不可小觑，但是由于各街道司法所编制大多仅为 1 个，主要负责司法矫正和人民调解工作，在各职能部门的赋权事项清单中，强调的多是职能部门对街道行政执法的监督。因此，各街道司法所队伍建设亟待加强，应保证法制审核和监督工作所必须的专业人员，有效落实司法行政力量的监督作用。

第九，行政执法信息网络公开建设。一是加强行政执法案件的公示。建议以区为单位，各区在政府网站信息公开板块中加强对行政执法案件及相关信息的统一公开，以方便接受更广大人民群众的监督。二是加强行政复议办理情况公开公示。目前浙江、安徽、河北等省均在政府门户网站将行政复议的办理情况集中统一公开，以增加公众和街道办事处的知情权。

武汉市洪山区人才公寓入住及大学生社群生活状况调研报告[①]

一、导言

党的二十大报告指出“全党要把青年工作作为战略性工作来抓，用党的科学理论武装青年，用党的初心使命感召青年，做青年朋友的知心人、青年工作的热心人、青年群众的引路人”。“安家”是青年群体的人生大事，青年住房问题既关系到个人成长发展、家庭幸福，也关乎社会繁荣稳定、国家长远发展。党的十八大以来，党中央高度重视青年住房问题，多次要求解决好新市民、青年人住房问题。

2022 年 4 月，中央宣传部、国家发展改革委等 17 部门联合印发《关于开展青年发展型城市建设试点的意见》，进一步强调优化保障青年基本住房需求的青年发展型城市居住环境，以青年发展型城市建设试点为载体，积极开展政策倡导和社会倡导，推动相关部门进一步健全青年租（住）房支持体系，不断提升青年在城市生活的获得感、幸福感和安全感。

① 本调研报告成稿于 2022 年。

人才是城市发展的动力源泉，要打造创新活力之城，吸引人才是关键，各类人才公寓政策的出台成为城市留住人才的有力举措。2017 年 6 月，中共武汉市委办公厅、市政府办公厅印发《关于支持百万大学生留汉创业就业的若干政策措施》，提出坚持政府主导、市区联动、社会参与、资源共享，多渠道、大力度推进人才公寓建设。设立人才公寓建设基金，制度优惠支持政策，加大人才公寓用地供应，采取政府新建、购买、租赁以及商品房配建支持用人单位筹建等方式，每年建设和筹集 50 万平方米以上的人才公寓，5 年内达到满足 20 万人租住需求的人才公寓总规模。2022 年 6 月，武汉市人民政府办公厅印发《关于进一步做好高校毕业生留汉就业创业工作的通知》，进一步优化大学生人才公寓政策。大学毕业生人才公寓的建设让刚步入社会的大学毕业生享受到了真真切切的实惠，极大提高了大学毕业生留汉就业创业的决心和动力。

针对大学毕业生人才公寓政策实施带来的成效，特别是大学毕业生入住后的日常生活、居住环境、社群活动等情况及存在的问题，中国共产主义青年团武汉市洪山区委员会（以下简称“共青团洪山区委员会”）精心组织了此次调研。

二、调研过程

在共青团洪山区委员会的指导下，在洪山区房管局的帮助下，此次调研采取了问卷调查、面对面访谈座谈、实地走访等多种方法相结合的方式收集材料，同时查阅了《2021 年中国大学毕业生就业报告》《2021 中国青年租住生活蓝皮书》等材料和网站。

第一，回收问卷共 503 份。①针对洪山区人才公寓入住者开展问卷调查，所制作的问卷包含人口特征、居住情况、社群生活体验 3 部分共

36 道题目。问卷采取多种发放方式。主要包括：在洪山区房管局住房保障科的帮助下针对入住人才公寓的大学毕业生发放问卷；武汉青年联盟公寓管理有限公司、自如（武汉）房地产经纪有限公司、武汉恒强安家物业管理有限公司等公司工作人员帮忙发放问卷；武汉大学、华中科技大学、中南财经政法大学、华中师范大学、江汉大学、武汉民政职业学院等多位老师和毕业生帮忙在毕业生中精准推送问卷。共收集有效问卷 350 份。②针对武汉市普通大学毕业生开展问卷调查，所制作的问卷包括人口特征、租房经历、社交集体活动 3 部分共 38 道题目，收集有效问卷 153 份。

第二，访谈座谈共 37 人。其中与洪山区房管局住房保障科工作人员访谈一次，并多次对接工作；与 15 位入住洪山区人才公寓的大学毕业生开展座谈会；走访了武汉青年联盟公寓管理有限公司总店，访谈了武汉青年联盟公寓管理有限公司 3 位管理人员、自如（武汉）房地产经纪有限公司 2 位管理人员；分别对立城福第、正堂山外山、天下南湖湾、城投瀚城璞岸、武汉保利时代天悦 5 个小区的物业人员进行访谈；在洪山区社会组织孵化基地与 5 名大学毕业生开展座谈；分别对中南财经政法大学研究生院 1 名工作人员、江汉大学 1 名工作人员、华中师范大学 1 名工作人员、华中科技大学 1 名工作人员进行访谈，了解他们对于人才公寓政策的了解情况及毕业生入住人才公寓的情况。

第三，通过电话联系了武汉冠寓商业运营管理有限公司、保利公寓管理有限公司负责的正堂山外山小区、武汉全聘商业管理有限公司负责的全聘人才公寓（文秀街店）、武汉恒强安家物业管理有限公司、自如（武汉）房地产经纪有限公司、武汉青年联盟公寓管理有限公司等人才公寓运行方的对接人。

第四，走访了武汉市硚口区 1 处人才公寓、汉阳区 2 处人才公寓，与 1 名运营公司管理人员和 1 名物业管理人员访谈，了解硚口区与汉阳区人才公寓的运行、配套设施、后续服务等情况。调研人员在洪山区陪同承租人实际承租人才公寓一次。

三、政策出台过程

（一）2017 年人才公寓政策出台

青年保障性住房的供给受到国家的高度重视，武汉市积极响应国家号召，推动留汉青年安居乐居政策出台。主要政策有：2015 年 9 月《市人民政府关于进一步鼓励高校毕业生在汉就业创业的意见》印发；2017 年 6 月，武汉市委办公厅、市政府办公厅印发《关于支持百万大学生留汉创业就业的若干政策措施》，2017 年 8 月，《武汉市人民政府关于开展培育和发展住房租赁市场试点工作的实施意见》印发；2017 年 9 月，武汉市委办公厅、市政府办公厅印发《关于加强大学毕业生安居保障的实施意见（试行）》。从 2017 年开始，武汉市各区正式推出人才公寓项目以满足留汉大学毕业生住房需求。政策要求毕业 3 年内并在汉创业或就业的普通高校大学生，具备武汉市户籍，其本人及家庭成员在武汉市无登记自有住房，即可申请人才公寓，可享受低于市场价 20% 的价格租到人才房，租赁期限一般为 3 年内。

洪山区作为武汉市大学之城示范区，在原有的留汉政策的基础上率先发布了“走进去、走下去、留下来、干起来”四大计划 13 条实施细则，例如制定大学生人才公寓项目有具体执行单位、具体执行人、具体联系方式的政策，从而吸引大学生留汉。

2017 年，洪山区房管局为人才公寓筹集到马湖丰华苑和福临居两个公租房项目共计 600 余套房源，启动大学生“安居工程”。并且洪山区结合自身作为“大学之城”的实际情况，对武汉市人才留汉政策进行了适当放宽，将人才补贴政策由武汉市规定的 8 折调整为 7 折，形成了适合区情的人才政策。

另外，在大学毕业生留汉政策出台后，洪山区积极探索与社会资本合作模式，通过社会渠道筹集大学生公寓房源。如洪山区与武汉青年联盟公寓管理有限公司合作，由该公司为大学毕业生提供房源，洪山区政府对入住人才公寓的大学毕业生进行补贴。

（二）2022 年人才公寓政策升级

2022 年 6 月，武汉市政府办公厅印发了《关于进一步做好高校毕业生留汉就业创业工作的通知》，将人才公寓申请条件进一步放宽为取得普通高校（包括教育部认可的境外高等院校）全日制大专以上学历、毕业 6 年以内、通知公布之日起在汉就业创业并正常缴纳社会保险、家庭在武汉无自有住房的高校毕业生。

洪山区第一时间将人才公寓的补贴对象调整为面向毕业 6 年以内、通过大学毕业生租赁房资格审核的大学毕业生，并且继续执行享受月租金 30% 的政府补贴政策。同时规定超出毕业年限者，具备大学毕业生资格且家庭在武汉无房，在有未分配、空置的大学毕业生租赁房源的前提下，经洪山区房管局审批后可租住洪山区大学毕业生租赁房，但此类人员不享受政府补贴。政府补贴主要通过洪山区房管局按季度审核并发放至对应的银行卡账户，不足一个月按实际入住天数计算。目前，新旧政策并行，政策有效互补，共同服务于每一位留汉创业就业的大学毕业生，为人才安居提供了有力保障。

另外，在物业服务费方面，洪山区也做了优惠处理，大部分小区针对人才公寓的物业费仅收取 1.2 元 /（平方米 · 月）或 1.44 元 /（平方米·月），远低于小区规定的物业服务费收取标准。在停车位租赁方面，人才公寓入住的大学毕业生享受与购房业主同等的租赁地下车位的资格，且价格一致。

（三）申请程序更明晰

目前，大学毕业生在线上、线下皆可提交申请材料，洪山区房管局、社会保障管理处和人力资源局在 5 个工作日内进行资格审核，审核通过后，申请人可根据区房管局发布的配租公告，进行网上登记，确定配租顺序后可以选房，签订合同，办理入住。如若审核不通过，则会告知原因。人才公寓政策运行机制主要分为资格准入机制、循环退出机制与监督管理机制（图 1）。

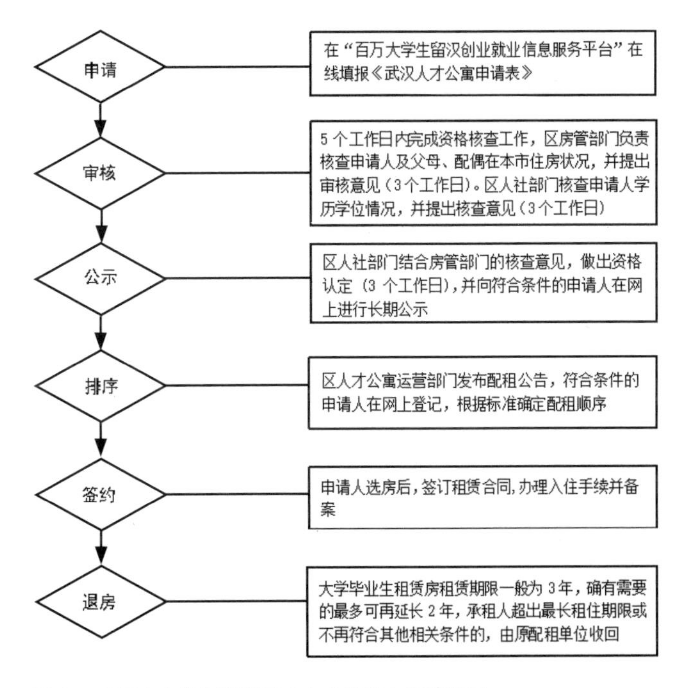

图 1　武汉市大学生租赁房（人才公寓）申请流程

资格准入机制。大学毕业生群体申请留汉大学生人才租赁房的轮候次序按照“高端优先、结构优化、突出重点、保障公平”原则，即充分考虑申请者学历层次、创业就业情况、婚配、性别、毕业年限等方面确定轮候配租顺序。

循环退出机制。留汉大学生人才租赁房的租赁期限为 3 年，超过 3 年的部分，租金按市场价格进行收取。一旦租住过程中出现违规现象或超出最长租住期限，将由原租赁单位收回住房。

监督管理机制。留汉大学生在申请大学生保障性住房时，应严格按要求登记个人信息、提交材料。资格审核由房管部门进行，审查通过后在网站长期公示合格申请人名单，对于资料、信息作假以及上市交易、租借给他人等行为，将取消租房及购买资格，并录入个人信息系统。

四、大学生人才公寓房源及入住情况分析

（一）大学生人才公寓房源情况

目前洪山区人才公寓房源的筹集主要是通过商品房配建和市场合作相结合的模式。在市场合作模式中，通过与市场房源占有量大、运营规范的长租公寓公司合作，如自如（武汉）房地产经纪有限公司、武汉青年联盟公寓管理有限公司、武汉冠寓商业运营管理有限公司等，充分发挥其房源分布广、运营管理经验丰富等优势。截至目前，洪山区已筹集大学毕业生租赁房项目 27 个，共计房源 6763 套[①]。

其中，政府自持房源 2494 套，市场合作房源 4269 套。各租赁房项目布点广泛，南湖片区、卓刀泉片区、徐东片区等区域均有分布，公共交通便利，周边配套设施齐全。截至 2022 年 10 月，洪山区大学毕业生

① 此数据由洪山区住房保障和房屋管理局工作人员于 2022 年 11 月提供。

租赁房累计申请人数 5659 人，累计审核通过人数 4088 人，目前在住约 1000 人。

各人才公寓面积 20 ~ 70m^2 不等，以一室一厅一厨一卫的房型居多，还有个别面积为 100m^2 左右的 3 居室，满足不同类型的大学毕业生的实际需求。各人才公寓的租金价格在 600 ~ 2500 元 / 套不等。

洪山区各人才公寓项目区位优势明显，均分布于三环线内，其中 2 处位于二环线附近，毗邻武汉大学、华中师范大学街道口大学城、黄家湖大学城与南湖大学城，周边环境优美宁谧，沿线地铁通达武汉三镇，商圈密布，配套成熟，出行购物方便省力。例如武汉冠寓商业运营管理有限公司运营的龙湖冠寓杨家湾店，靠近华中科技大学、武汉工程大学，周边有地铁 2 号线站点、杨家湾公交站、武商购物广场，生活较便利。保利公寓管理有限公司负责的正堂山外山小区步行 200m 可达地铁 4 号线岳家嘴站，周边配套丰富，有金禾中心、星巴克咖啡厅、肯德基、中百仓储等，并临近楚河汉街商圈。武汉青年联盟公寓管理有限公司负责的青年联盟大学生公寓分别位于街道口未来城与珞狮路南国雄楚广场，紧邻地铁 2 号线、8 号线，周边有珞珈创业园、武汉理工大学创业园、街道口商圈等创新创业地带。武汉全聘商业管理有限公司负责的全聘公寓文秀街店紧邻文秀街公交站和地铁 8 号线。南湖天下湾人才公寓靠近华中农业大学和杨泗港长江大桥快速通道。

（二）大学生人才公寓入住情况

目前洪山区的人才公寓房源主要由市场化的公寓公司供给，高房屋出租率是这类公寓公司得以生存的关键保障，公寓公司在出租时对待承租人一视同仁，并不会对人才房租户另设限制性条件。因为具体房源地理位置、交通便利程度、实际承租价格、户型等因素的影响，大部分公寓入住的通过资格审核的大学毕业生比例不高。如武汉青年联盟公寓管理有限公司负责的 3 个门店内入住的租户中，通过区房管部门资格审核的大学毕业生数量占所有租户数量的 1/4 左右。保利公寓管理有限公司负责运营的正堂山外山小区租金在 2500 元 / 月以上，学府鑫苑小区、城投瀚城璞岸小区的人才公寓的租金和物业费合计在 2200 元 / 月以上，刚毕业大学生难以承受如此租金，目前主要入住的是普通租客和其他类人才。

由于部分运营公司负责的小区的租金和物业费较高，故各运营公司最初上报给区住房保障和房屋管理局的大学生人才公寓房源数量要远多于通过了区住房保障和房屋管理局租赁资格审核并最终入住的大学毕业生数量。

截至 2022 年 11 月，洪山区各人才公寓实际入住情况梳理如下：自如（武汉）房地产经纪有限公司运营的自如人才公寓目前在各个点位均有空余房源，多为合租房，需确定好租房日期后才会推荐房源。武汉乐乎公寓管理有限公司运营的福临居小区目前仅剩 10 余套房源，高、低楼层兼具，户型分为一居室和两居室，两居室只需一人通过人才房资格审核即可两人入住。武汉冠寓商业运营管理有限公司运营的龙湖冠寓虎泉店已租出人才公寓 130 套，基本分布在 1 楼商住房，且配备 1 套电梯；该公司运营的龙湖冠寓卓刀泉店的 400 间人才公寓仅剩余 20 多套房源，目前打 70 折对外出租；该公司运营的龙湖冠寓南湖公园店的 200 套人才公寓已经基本租完；该公司运营的龙湖冠寓菁英城店房源现在已全部出租，为两梯四户；该公司运营的龙湖冠寓杨春湖店的 200 套公寓目前已基本住满。青年联盟大学生公寓 167 套房源中约 40 套由通过资格审核的大学毕业生入住。马湖明泽丰华苑公寓和南湖新城人才公寓目前均已租满。保利公寓管理有限公司运营的正堂山外山小区现在只余 2 套空房。学府鑫苑小区的人才公寓目前已租满。武汉全骋商业管理有限公司负责的全骋公寓文秀街人才公寓共建有 2 栋，目前房源紧张，每套面积 26 ~ 56m^2 不等，每间能住 1 ~ 2 人，部分多人户型可住 4 人。武汉洪投保障房运营有限公司运营的菁英城人才公寓房源充足，只有 1 栋，共 4 种房型，每一层大多未租满；该公司运营的城投瀚城璞岸人才公寓和诺展星座人才公寓目前都已租满，需要排队等待房源；该公司运营的天下南湖湾小区的人才公寓房为 2022 年 11 月 4 日新公布的房源，还未租满；该公司运营的立城福第小区目前仍有空余房源，数据详见表 1。

各人才公寓根据主体可划分为政府直接供给类与市场化供给类，每一类别下根据居住形式不同又可细分为集中式公寓及分散式公寓，具体情况见表 2。

洪山区人才公寓具体入住情况　　表 1

序号	公寓名称		面积(平方米)	市场租金（元 / 月）	入住情况[a]
1	自如人才公寓		10 ~ 37（合租房间公摊后）	690 ~ 1890	有充足的空余房源
2	龙湖冠寓	虎泉店	10 ~ 20	1328 ~ 1780	已租出 130 套，剩 15 套
		卓刀泉店	10 ~ 44	1385 ~ 4042	已租出 370 余套，剩 20 多套
		南湖公园店	25 ~ 50	1700 ~ 2350	200 套已经基本租完
		菁英城店	100	1700 ~ 2350	已全部出租完
		杨春湖店	40 ~ 50	1683 ~ 2012	200 套公寓已基本住满
		杨家湾店	30 ~ 75	1385 ~ 2500	整租 499 套，未租满
3	青年联盟大学生公寓	南国店	45 ~ 62	2500	约 40 套由通过资格审核的大学毕业生入住
		街道口店	22 ~ 30	1600	
		江南新天地店	46 ~ 47	1918	

a. 各人才公寓的入住情况由调研人员通过电话咨询、上门调研等方式逐一询问获得。其中市场化供给的公寓其运营方面向市场运营，为了减少房屋空置率，同时向普通租客出租房间。

续表

序号	公寓名称	面积（平方米）	市场租金（元/月）	入住情况[a]
4	福临居小区	40 ~ 60	1150 ~ 1850	目前仅剩 10 余套，高、低楼层均有
5	马湖明泽丰华苑公寓	50 ~ 65	875 ~ 1138	已租满
6	南湖新城人才公寓	65	1203	已租满
7	魔方公寓武汉花样年店	55 ~ 66	1980 ~ 2800	未租满
	魔方公寓融创智谷店	30 ~ 65	1980 ~ 2800	未租满
8	正堂山外山小区	59	2500 ~ 2700	剩余 2 套
9	学府鑫苑小区	44	2300 ~ 2600	已租满
10	全骋公寓文秀街店	26 ~ 66	1680 ~ 3880	人才公寓共建有 2 栋，仅剩几套未出租
11	菁英城人才公寓	39 ~ 58	702 ~ 1044	未租满，房源充足，两室一厅一厨一卫 62 套，一室一厅一厨一卫 186 套
12	城投瀚城璞岸人才公寓	56 ~ 59	2142 ~ 2455	已租满
13	诺展星座人才公寓	44 ~ 51	1520 ~ 1850	已租满
14	天下南湖湾小区	39 ~ 41	1166 ~ 1232	未租满
15	立城福第小区	53 ~ 60	1374 ~ 1555	未租满

a. 各人才公寓的入住情况由调研人员通过电话咨询、上门调研等方式逐一询问获得。其中市场化供给的公寓其运营方面向市场运营，为了减少房屋空置率，同时向普通租客出租房间。

洪山区人才公寓类别 表2

公寓类型	政府直接供给类	市场化供给类
集中式公寓	马湖明泽丰华苑公寓、 菁英城人才公寓、 南湖新城人才公寓	武汉青年联盟公寓管理有限公司运营的青年联盟大学生公寓、 武汉冠寓商业运营管理有限公司运营的龙湖冠寓、 武汉全骋商业管理有限公司运营的全骋公寓、 魔方生活服务集团运营的魔方公寓
分散式公寓	天下南湖湾小区、 学府鑫苑小区、 立城福第小区、 城投瀚城璞岸人才公寓	自如（武汉）房地产经纪有限公司运营的武汉自如公寓、 武汉保利上城小区、 武汉保利时代天悦小区、 武汉保利花园小区、 正堂山外山小区

五、人才公寓入住者居住及社群生活现状分析

本次调研通过对洪山区350位人才公寓入住者进行问卷调查及线下访谈，主要获得以下几方面的信息。

（一）基本信息及租住情况

1. 性别、年龄及收入

在350名入住者中，男性占40.87%，女性占59.13%。30岁以下人数占比96.50%，单身未婚人数占比约60.0%。月收入3000～6000元人数占比46.9%，且62%的人认为在入住人才公寓

后仍有租金压力。洪山区对人才公寓入住者提供月租金 30% 的政府补贴，可以看出区政府对于新就业大学生已经给予很大的租金优惠，但可能由于部分房源区域地理位置优越、配租成本高、配套设施较为齐全等原因，导致政策优惠后的租金价格仍然超出部分新就业大学生的预期。在调查中约有 1/3 入住者表示申请人才公寓后，月租金无压力或压力较小。这些数据也反映了人才公寓的政策成效，在减轻大学生经济压力方面发挥了积极作用。

2. 毕业时间越短的大学生对人才公寓的承租意愿越强

申请了人才公寓的大学生中，毕业在一年之内的人数占调查总人数的47.83%，毕业在1～2年的人数占调查总人数的36.52%，毕业在2～3年的人数占调查总人数的8.7%。这主要与武汉市人才公寓租住的条件有关，由于政策规定，武汉市人才房最长可租用至毕业 3 年期满，大学生毕业期限越短，有效租赁期限越长，申请人才房的可能性就越大。反之，当保障期限过短，短时间过后将会面临再寻找租赁房源的问题，为了避免麻烦，和考虑时间成本、租房成本，大学毕业生承租的积极性将大大降低，因而会选择放弃租住人才房。适当延长保障期限，会减少大学毕业生频繁租房带来的不稳定性，从而减少租房成本，使大学毕业生能够有更多的精力投入到工作中去。

3. 人才公寓入住者学历以本科和硕士为主，是人才过渡性安置的重要载体

在所有调查对象中，专科学历有 31 人，占总申请人数的 8.86%；本科学历有 149 人，占总申请人数的 42.57%；硕士学历有 149 人，占总申请人数的 42.57%；博士学历有 21 人，占总申请人数的 6.00%。以上数据说明，本科生和硕士生是租住人才房的主要群体，同时也说明其对人才房的关注度较专科生和博士生群体更高。

4. 人才公寓入住者中 53.91% 为非武汉户籍，吸引人才留汉效果显著

2022 年 6 月开始，武汉市人才公寓政策中取消了对户籍的限制，对青年大学生人才的吸引力进一步增加。在本次收回有效调研问卷的 350 名人才公寓申请者中，武汉市户籍占比 46.09%，湖北省内非武汉户籍占比 21.74%，湖北省外户籍占比 32.17%，其中湖北省内非武汉户籍及湖北省外户籍共占 53.91%，可见吸引大学生留汉的政策效果显著。这主要得益于从 2022 年 6 月开始，新政策不再对户籍进行限制，非武汉户籍的大学毕业生同样可以申请人才公寓，这让很多因各种原因户籍没有在入学时迁入武汉的大学生群体也积极加入到申请人才公寓的大军之中。课题组访谈了 4 位入住武汉自如公寓的应届毕业生，他们的户籍均没有迁移到武汉，得益于政策的改变，他们在权衡地理位置、交通和租金等因素后，选择了入住武汉自如公寓，在享受住房补贴后，每月租金约 1000 元。

5. 人才公寓申请程序便捷、效率高

据调查数据显示，人才公寓入住者从第一次递交申请材料到正式入住耗时多数不超过 1 个月，此类人员占比为 80.53%。申请耗时最短为 3 天，最长为 12 个月，分别占 3.53%、2.61%。这些数据说明目前人才公寓从申请到入住流程整体效率较高。但在申请过程的前几个环节中，不能自由选择房源，也无法看见每个项目还剩多少套房源，易造成信息闭塞、不对称的局面，这些因素都会消耗时间从而无法让有需求者尽早入住。笔者在走访过程中刚好遇到一位在某街道事业单位工作的应届本科毕业生，因为她目前暂住在办公室，因此约定了签约后第二天办理入住手续；一名在某市直机关工作的应届硕士毕业生，因为之前租的房子没有到期，因此约定了签约后再等两周办理入住手续；一名在某国企科研部门工作的应届博士毕业生则约定在房屋打扫干净之后即办理入住手续。

6. 人才公寓居住条件整体较好

在居住条件满意度上，针对建筑本体、小区环境、区位交通及配套设施 4 个方面，各项指标满分为 5 分，最终平均分为 4.09。其中指标分数最低的为公寓采光通风方面，平均分为 3.88。由于受户型、平层套数及楼层平面布置及要求等因素影响，必然会出现有些起居室、厨卫的通风和采光无法同时兼顾的现象。

人才公寓在整体条件上为毕业大学生提供了一个相对舒适的居住空间，使毕业生能够以相对优惠的价格居住到较为满意的空间中（表 3）。

洪山区人才公寓居住条件满意度评分表　　表 3

	非常不满意	有点满意	一般	比较满意	非常满意	平均分
户型设计	7（2.00%）	10（2.86%）	109（31.14%）	97（27.71%）	127（36.29%）	3.93
房屋面积	7（2.00%）	16（4.57%）	88（25.14%）	109（31.14%）	130（37.14%）	3.97
采光通风	16（4.57%）	13（3.71%）	85（24.29%）	118（33.71%）	118（33.71%）	3.88
环境卫生	10（2.86%）	19（5.43%）	40（11.43%）	115（32.86%）	166（47.43%）	4.17
物业服务	10（2.86%）	13（3.71%）	43（12.29%）	112（32.00%）	172（49.14%）	4.21
邻里关系	4（1.14%）	19（5.43%）	70（20.00%）	124（35.43%）	133（38.00%）	4.04
公共事务参与	10（2.86%）	13（3.71%）	91（26.00%）	106（30.29%）	130（37.14%）	3.95
治安环境	4（1.14%）	13（3.71%）	37（10.57%）	127（36.29%）	169（48.29%）	4.27
交通便捷	1（0.29%）	10（2.86%）	46（13.14%）	109（31.14%）	184（52.57%）	4.33
出行成本	4（1.14%）	16（4.57%）	52（14.86%）	127（36.29%）	151（43.14%）	4.16
出行时间	4（1.14%）	16（4.57%）	70（20.00%）	112（32.00%）	148（42.29%）	4.10
生活购物	4（1.14%）	19（5.43%）	70（20.00%）	100（28.57%）	157（44.86%）	4.11
公共空间	4（1.14%）	16（4.57%）	76（21.71%）	103（29.43%）	151（43.14%）	4.09
小计						4.09

（二）社群生活方面

1. 闲暇社交情况

针对“闲暇时是否一个人活动”这一问题，29.56% 的受访人才公寓入住者表示自己闲暇时总是一个人活动。在“是否会与邻居主动进行交流”这一问题上，选择“从不主动进行交流”的人数居多，占 36.52%。79.13% 的受调查者表示自己对邻居毫不了解或几乎不了解，仅有 12 人表示曾主动与邻居交流。66.19% 的人表示自己曾感到孤独。这些数据从侧面反映出目前人才公寓内部人与人之间的交往频率及交往广度较低，多数刚毕业的大学生更愿意在自身固有的圈子内进行社交（表 4）。

入住人才公寓的毕业大学生闲暇时间生活状况百分比　　表 4

生活状况	从不	偶尔	有时	经常	总是
闲暇时间独自活动概率	7.83%	20.00%	28.70%	13.91%	29.56%
与邻居主动交流概率	36.52%	30.43%	24.35%	5.22%	3.48%
感受到孤独的概率	33.91%	33.04%	21.74%	5.22%	6.09%

2. 社交集体活动

积极正向的社交集体活动对于一个人的社会化及个人身心健康的塑造有推动作用。在调查中，在居住期间参加过集体活动的大学毕业生占比 33.04%，在居住期间从未参与过集体活动的毕业大学生占比 66.96%，这可能与分散式居住的特点密切相关。例如自如人才公寓因公寓房源涉及洪山区多处位置，不便开展集体活动。

不同类型集体活动的受欢迎程度调研结果显示：喜欢桌游类活动的毕业大学生占比 49.60%，喜欢美食品鉴类活动的毕业大学生占比 39.10%，喜欢运动健身类活动的毕业大学生占比 37.40%。在入住的毕业大学生中，27.83%的人表示自己有兴趣参加集体活动但没有时间。另外，有 53.04% 的入住毕业大学生希望集体活动在周末举办。这些数据说明了人才公寓中的社交集体活动较少、入住者参与活动积极性不高，让青年人才从“住得上”到“住得好”，社群生活是不可或缺、亟待发展的一环。

3. 社群活动满足情况

通过社群活动可以满足租赁群体各方面的需求，如认识新朋友、接触新事物、丰富日常生活、提升自我能力、满足个人兴趣、释放工作压力等。调查显示有超过一半的人希望能够通过社群活动认识新朋友或释放工作压力，分别占比 56.52%、53.04%；希望丰富日常生活的占比最大，为 64.35%。同时在调研的 350 名人才公寓入住者中，63.50% 的人有网络社交的习惯，但 67.00% 的人表示所在社区没有或不清楚社区是否有网络社交平台。

（三）人才公寓实施成效分析

1. 减轻大学毕业生经济压力，提高大学毕业生租房品质

在房屋租赁市场中，房东占据主导地位，并且大多数房屋的户型面积偏大、租金偏高。当大学毕业生在找房过程中发现难以找到负担得起的小户型房屋，又无法独自承担大户型住宅的高昂租金时，降低居住质量、多人合租甚至集体租赁，往往会成为大多数毕业生的无奈选择。2017 年留汉大学毕业生安居保障政策发布后，将工作尚不稳定的低收入大学毕业生纳入住房保障体系，使数以万计的大学毕业生有资格享受租金补贴。在对人才公寓入住者的访谈中了解到，人才公寓政策对于刚刚毕业的大学生来讲极大程度上缓解了其租房方面的经济压力，使留汉大学生能以低租金享受到更优质的住房。

一位受访者表示：“我们是从管家处了解到有相关政策，然后在网

上收集了解具体信息，看了几个地方的房子，最后选择了一处三室两厅、一厨两卫的房子。选择理由是可以减轻租房压力，并且人才公寓居住环境也不错。”

2. 有效避免个人权益受损

目前房屋租赁市场基本上还是卖方市场，买家往往处于弱势地位。虽然现在租赁平台的房源很多，但是无法避免些许房东为了招揽租客，把最好的一面展示到互联网平台上，甚至弄虚作假，实际情况与宣传不符，或是退租不退押金等，欺骗承租者。据调查显示，有 38.10% 的人表示在租房过程中比较担心房源信息不透明，害怕遇到黑中介、黑房东。线下访谈中一位目前居住在人才公寓的受访者表示“曾经被一家长租公寓坑了半年的房租，后面也没有要回来，已经放弃了讨要这笔钱。”《2021 年中国大学生就业报告》显示，有 43.80% 的大学毕业生租客曾在租房过程中遇到不良中介，假房源、服务差等现象屡见不鲜。而此次关于普通大学生的问卷调查也显示，86.67% 的毕业生表示毕业学校没有举办过关于“租房避坑”的培训，有 98.10% 的毕业生认为有必要为大学生补充租房相关的知识。关于房屋租赁，对于很多大学生而言是社会生活知识的盲区。

人才公寓有着明确的租赁准入条件和退出机制，更有专业化住房租赁企业参与其中，有效提高了毕业生租房保障的精准化程度，从而避免毕业生在租房过程中遭遇骗局，极大地维护了毕业生的基本合法权益。

六、大学毕业生租房居住及社群生活面临的问题

人才公寓承载着吸引人才、推动产业及城市发展的重任。武汉市人才公寓相关政策的出台及实施，有效缓解了大学毕业生租房的经济压力，提升了大学毕业生的租房品质，保障了大学毕业生的合法权益。但目前在

发展过程中也存在值得进一步总结和反思的问题，这些问题在一定程度上阻碍了人才公寓提质，限制了青年人才在城市里从“住得上”向“住得好”有效转变。

（一）申报入住前端工作受重视，后端服务工作尚有提升空间

据洪山区房管局工作人员介绍，2022年洪山区将投入2000余万元用于补贴人才公寓运转工作，包括房租补贴、物业服务、维修维护等。这笔投入不可谓不多。不过，在入住之后的服务工作上尚缺乏一定的工作思路与经费保障，目前主要依赖各物业服务企业的自我服务。如青年联盟大学生公寓提供了宠物临时喂养、收取衣服、收取快递、组织户外拓展活动、健身房等服务。龙湖冠寓提供了24小时管家随时待命、智能家居管控、搬家送洗服务等。部分人才公寓没有提供更多人文关怀服务。因此，对大学毕业生入住后的服务工作的重视程度有待提升。

（二）人才公寓政策宣传力度有待更多元化

最近一次可查阅到的人才公寓宣传活动是2019年10月在华中科技大学举行的“重视人才，安居洪山”之人才公寓政策宣讲进校园活动。在普通大学生问卷调查中显示，有54.55%的人对人才公寓政策听过但不了解，有59.60%的人认为补充租房知识很有必要。

目前，关于人才公寓的政策及房源信息主要见于洪山区政府网站中的“通告公示”栏目内，宣传地点虽然比较正式但形式比较单一，限制了政策及房源信息的传播范围。洪山区现阶段人才公寓房源数量居武汉全市第三，但仍存在部分人才房空置的局面。此次针对普通大学毕业生的问卷调查显示，有50.47%的毕业生借助社交媒体或互联网租房平台获取房源信息，因此除了官方门户外，在互联网平台上推送人才公寓信息也很有必要。

（三）人才公寓入住者现实社交匮乏

人才公寓空间面积多不大，入住者多为空间上的“孤岛个体”，脱离于空余时间的现实社交圈。调查显示有 43.47% 的人经常或总是一个人度过闲暇时间，66.19% 的人表示自己曾感到孤独，79.13% 的受调查者表示自己对邻居毫不了解或几乎不了解，仅有 12 人表示曾主动与邻居交流。66.90% 的人从未参与过公寓的社群活动。在普通大学生问卷调查中，有超过 56.19% 的人表示社交集体活动对个人租房选择有影响，在租房时会优先选择便于社交活动的住房。79.05% 的人表示期望在未来居住过程中与邻居有所交流。现实社交的匮乏是当前人才公寓亟须解决的一个问题。如何合理规划人才公寓居住空间，创新共治共享的管理机制，让青年群体的孤独感得到合理疏解，是相关运行管理者应承担的责任。

（四）社交集体活动缺乏体系化

当下年轻人主要的社交方式有线上和线下两种形式，目前的线上平台有所欠缺，特别是面向分散式居住的租客。问卷调查数据显示，有 91.92%的人对组建微信群有需求，38.38%的人对组建QQ群有需求。此外，人才公寓入住者们在社交集体活动的举办时间、活动类型以及活动的发布渠道等方面需求各异，加之居住较为分散，因此如果想经常性地组织活动以丰富入住大学毕业生的闲暇生活，就需要制定一套成熟、可复制的社交集体活动运行方案，这是当前多数人才公寓运行中欠缺的部分。

（五）服务内容有待进一步多元化

当前人才公寓主要是以政府引导、财政支持、市场化运作、社会化管理为主，合作主体主要集中在租赁企业、物业公司等方面，与专业提供服务的社会机构、高校等缺乏合作。对于选择入住人才公寓的大学生而言，了解渠道固然重要，但同样重要的是如何办理入住、退订的要求细则、租房过程中的疑点难点等，都需要有专门的人负责答疑解惑。课题组成员在陪同一位大学毕业生选房过程中发现，整个选房过程节奏较快，但对后续服务、可能出现的问题以及问题的解决办法没有明确的约定。

根据问卷调查，86.67% 的毕业生表示毕业学校没有举办过关于“租房避坑”的培训。51.52% 的受访者认为自己需要应对租房“坑”、中介“坑”的义务法律援助。有 98.10% 的毕业生认为有必要为大学生补充租房相关的知识，并希望通过官方的行动，例如学校开设相关讲座、相关机构开展租房防骗普法等进行学习。这就需要联动多方主体，例如高校、社会工作机构、社区居委会等共同提供针对性的专业服务。

七、对策建议

结合大学毕业生从“学生”向“社会人”转变的阶段特点，为进一步服务好青年，促进人才公寓政策发挥更大效益，从后端服务出发，提出以下 8 个方面的对策建议。

（一）重视宣传工作，开展团校共建

共青团组织可发挥亲近青年人的优势和桥梁作用，积极走进高校开展人才公寓政策宣传活动。如开展毕业季租房服务进校园系列活动，就青年人才关心的租房问题答疑解惑，进一步激发青年人才选择人才公寓的积极性，更好地吸引、集聚和服务人才。可开展高校老师进人才公寓活动，向高校教师现场介绍人才公寓的政策及项目，展示人才公寓运行效果，让高校教师更加了解人才公寓的运行情况，让高校教师成为人才公寓政策的宣传队。

（二）将“人才驿站”进一步升级为人才服务阵地

在坚持目前为外地高校应届毕业生提供 7 天免费住宿的人才驿站工作的基础上，进一步丰富服务形式。推动职能部门、高校、企业和社会力量共同参与，在原有服务基础上不断延伸服务领域，围绕留汉人才生活、交友的需求，将平台打造为集住宿、互动交流、信息获取、学习成长于一体的综合服务平台。可购买法律、心理健康等领域的专业服务，或建立义务法律顾问援助热线，如聘请武汉高校法学院系老师、律所律师作为法律顾问，为应届高校毕业生面临的社保缴纳、劳动合同签订等方面的问题提供解答和帮助。让有意向申请人才公寓者及已入住人才公寓者更好地渡过“学生”到“社会人”的转变期。

（三）依托大数据成立青年住友圈

依托洪山区人才公寓入住者大数据，以政府类公寓与市场化形式公寓为分类属性，成立青年住友圈。从签约到入住，再到解读人才租（购）房补贴政策、扶持政策等，团干部全程跟踪服务，使人才公寓成为团区委了解青年、服务青年的“端口”，强化全区人才公寓青年群体的凝聚力。为人才公寓入住者搭建覆盖面更广、服务力更强、活跃度更高的服务沟通交流平台。

（四）依托基层团区委成立公寓联合团组织

以共青团基层组织改革为契机，与人才公寓开展组织结对共建。人才公寓入住者群体以青年人居多，面对这一群体日益突出的多样化、个性化需求，成立公寓联合群团组织也是满足该群体不同需求的重要途径。在人才公寓领域创新群团组织设置，将团支部建到楼栋，使人才公寓青年拥有“新组织”“主心骨”。通过单独建团、联合建团、辖区覆盖的方式，积极发挥群团组织的枢纽功能，针对青年需求及时链接区各级资源以对外协调、纾难解困。

（五）依托第三方组织开展人才公寓团建活动

通过购买服务的方式购买公寓团建的专业服务，以多元化需求为基础进行团建活动的专业策划、组织、实施及评估。团区委可依托物业管理方建立的入住大学生微信群，选派团建联络员入群，了解青年的实际需求、思想行为特点，以此为根据购买相关服务。定期的团建活动利于公寓入住者之间关系的破冰及日常交往互动，形成住户同心圆，将人才公寓逐步提升为吸引人才、集成智慧、凝聚人心的人才之家。

（六）推动公寓青年参与基层社会治理

以大学生人才公寓团建为突破口，以团支部为引领，鼓励人才公寓入住者积极参与社区建设。广泛动员各级政府部门、企事业单位为人才公寓入住者提供不同类型的实践机会，进一步促进人才社会化能力提升，彰显青春力量。如社区的“作业帮”“共享书吧”“四点半课堂”等公益服务项目都可以号召公寓青年在时间、精力允许的情况下参加，通过一系列社区志愿服务工作，为青春社区建设提供新路径，使公寓青年以新身份实现新价值。

（七）分片开展多元化社群及服务活动

结合目前人才公寓分布的特点，可采取相对集中的方式开展社群活动及服务活动。如青年联盟大学生公寓总店内有会议室、活动室，可以发挥这一场地优势开展大型活动；发挥天下南湖湾小区附近高校云集及该小区一楼场地充足的优势，建立以天下南湖湾小区为中心的片区组织社群活动；发挥立城福第小区、城投瀚城璞岸小区等房源分布较为集中的优势组织片区内的社群活动。另外，也可鼓励武汉青年联盟公寓管理有限公司、自如（武汉）房地产经纪有限公司、武汉恒强安家物业管理有限公司、武汉冠寓商业运营管理有限公司等主要人才公寓运行方积极组织青年人团建活动。活动平台、活动场地在适当条件下可以与影院、书店合作开展，从而解决部分公寓活动场地不足、居住较为分散的问题。

2022年5月，武汉全骋商业管理有限公司负责的全骋公寓举办了“情浓洪山，粽享端午——洪山区留汉大学生迎端午”活动；2022年8月，江汉人才之家策划了飞盘友谊赛、人才推理、塑形瑜伽、烧脑桌游、读书会等系列活动，此类做法值得借鉴学习。

（八）发挥政策的社会福利性质，加大对公益行业的支持力度

在社会工作行业、慈善行业、环保行业等公益行业领域加强人才公寓政策的宣传。例如社工行业的整体薪酬水平相较其他热门行业偏低，因此可以从价格、服务、宣传等方面加大对该行业大学生的支持力度，使更多公益行业人才了解人才公寓、入住人才公寓，使其在能力范围内拥有舒适贴心的居住空间，进一步促进武汉市公益事业的发展。

武汉市家政服务业提质扩容的优化路径研究报告[①]

一、导言

家政服务业是一项“一举多得”的产业，是“小切口、大民生”的体现。随着城市居民生活水平的提高与消费能力的提升，加上全面二孩政策实施、老龄化程度加深凸显、女性深度介入职场等多重因素影响，人民群众对生活性服务的需求日益增长，对服务品质的要求不断提高。加之，近年来党中央和国务院高度重视发展家政服务业，我国家政服务业取得显著发展并已经成为朝阳产业，改善民生、促进消费、稳定和扩大就业、推动经济高质量发展等作用持续增强。

与此同时，《国务院办公厅关于促进家政服务业提质扩容的意见》中明确指出，近年来我国家政服务业快速发展，但仍存在有效供给不足、行业发展不规范、群众满意度不高等问题。三十年来武汉市家政业从无到有，在规模化、产业化、规范化、信息化、法治化等方面取得了长足进步，

① 本报告成稿于 2020 年。

然而除了前述共同性问题外，武汉市家政服务业在“小”“弱”“散”“乱”等方面也存在一些比较突出的问题，这些问题成为武汉市家政业提质扩容的瓶颈。

针对武汉市家政业发展所面临的机遇与问题，课题组在负责人的带领下，围绕家政服务人员的生活、工作、权益保障、行业认知等方面，以及普通市民购买家政服务的经历及需求，展开研究。此次研究采取定量研究与定性研究相结合的办法，以武汉市为范围，通过网上收集资料、召开座谈会、一对一访谈、问卷调查、查阅二手资料等方式收集资料。主要开展工作如下:

召开座谈会一次，参加的企业有武汉首嘉巾帼家政保洁有限公司、武汉白领家政保洁服务有限公司、武汉潘姐好口碑家政服务有限公司、武汉市武昌区魏老师家庭服务中心、武汉帮邻巾帼家政保洁有限公司、武汉市姜嫂家洁巾帼家政保洁服务有限公司（下文简称为“姜嫂家政”）、武汉莱邦力巾帼家政服务集团有限公司、武汉恩安健康管理有限公司（下文简称为“恩安公司”）、武汉半边天家政服务有限公司 9 家公司 12 名管理人员。参与座谈会的家政企业覆盖武汉所有主城区。调研团队参加由武汉市部分家政企业自主组织的武汉巾帼家政联盟（下文简称为“巾帼家政联盟”）办公会一次，参加人员包括武汉市妇女干部学校校长、巾帼家政联盟秘书长、武汉市家庭服务业协会会长及副会长、江汉区妇女联合会一名工作人员以及巾帼家政联盟会员单位。

在此期间，访谈家政企业管理人员 5 次 8 人，包括武汉市家庭服务业协会会长、巾帼家政联盟会长、武汉首嘉巾帼家政保洁有限公司负责人刘敦林；恩安公司总经理助理陈刚和科室主任任洁；武汉炎黄家政科技有限公司（下文简称为“炎黄家政”）总经理李向歌、副总经理谭祖猛、月嫂部主管吴老师、育婴部主管童老师；武汉潘姐好口碑家政服务有限公司负责人潘嫔；武汉小阿姨家政服务有限公司负责人李书林等。

调研团队围绕工作经历、工资待遇、权益保障、风险防御、工作意愿等主题，访谈来自家政企业和自由择业的一线家政从业人员 15 人。围绕居家生活特点、家政需求、购买服务体验等主题，访谈购买过家政服务的市民 11 人。

针对武汉市家政服务人员开展问卷调查，所制作的问卷包含人口特征、入行情况、工作情况、劳动技能、权益健康、职业认知情况 6 部分共 94 道题目。依据家政服务人员群体身份明显而分布零散的特点，采取契合该群体特征的被访者驱动抽样方法（RDS）推送问卷。通过被访者驱动抽样的方式推送问卷，共收集到有效问卷 361 份。

针对武汉市普通市民开展问卷调查，所制作的问卷包括消费需求、消费体验、认知态度 3 部分共 63 道题目，收集有效问卷 381 份。使用 SPSS 软件对数据进行分析整理。

二、武汉市家政业发展的主要成就

近几年家政服务业的发展受到党和国家的高度重视，促进家政服务业发展的重要政策陆续出台。主要政策有：2007 年 3 月，《国务院关于加快发展服务业的若干意见》；2010 年 8 月，《国务院办公厅关于发展家庭服务业的指导意见》；2011 年 12 月，《商务部关于“十二五”时期促进家庭服务业发展的指导意见》；2012 年 12 月，商务部发布《家庭服务业管理暂行办法》；2015 年 1 月，《人力资源社会保障部　国家发展改革委员会等八单位关于开展家庭服务业规范化职业化建设的通知》；2015 年 11 月，《国务院办公厅关于加快发展生活性服务业促进消费结构升级的指导意见》；2016 年 6 月，人力资源社会保障部办公厅、全国妇联办公厅印发《巾帼家政服务专项培训工程实施方案》；2016 年 12 月，商务部印发《居民生活服务业发展“十三五”规划》；2017 年 7 月，国家发展改革委、人力资源社会保障部等 17 部门联合印发《家政服务提质扩容行动方案（2017 年）》；2019 年 6 月，《国务院办公厅关于促进家政服务业提质扩容的意见》；2019 年 8 月，《商务部　国家发展改革委关于建立家政服务业信用体系的指导意见》等。

在上述政策的推动下，家政产业迎来政策红利期，家政业在从业企业、从业人员、市场规模等方面均达到历史最高水平。截至 2018 年底，全国家政服务企业数量突破 70 万家，从业人员数量已经突破 3000 万人。在企业数量上，2018 年比 2014 年增加了 10 万家，从业人员数量 2018 年比 2014 年增加约 1000 万。在市场规模方面，2014 年我国家政服务业市场规模仅 2304 亿元，2016 年全国家政服务业市场规模逼近 3500 亿元，2018 年全国家政服务业市场规模达 5762 亿，2019 年全国家政服务业市场规模突破 7000 亿元。在发展规模上，竞争激烈导致行业结构有所调整，规模以上企业吸纳就业人员能力进一步提升，行业品牌逐渐形成。

在全国家政服务业取得快速发展的同时，从 20 世纪 90 年代至今，武汉市家政业经过了近 30 年的发展，亦取得了非常大的成就，并显现出区域优势。

一是服务领域持续扩展和多元化。在做好传统的保洁、保姆等业务领域的基础上，扩展至母婴护理、育婴、儿童早教、养老照料、物业、助残护理、家政培训、家庭管理、家庭理财等领域，并从大众化服务向中高端服务推进。目前武汉市家政服务按内容可分为 3 个层次：一是初级的“简单劳务型”服务，如煮饭、洗衣、维修、保洁、卫生等；二是中级的“知识技能型”服务，如护理、营养、育儿、家教等；三是高级的“专家管理型”服务，如高级管家的家务管理、社交娱乐安排、家庭理财、家庭消费优化咨询等。

如今，武汉市从事家政服务业的公司种类较多，主要包括家政公司、保洁公司、物业公司、清洗公司、人力资源公司、早教中心、母婴服务中心、老年养护、老年公寓等。家政服务业态日渐细分，包括母婴护理、养老看护、小时工和其他等。

二是发展出了一批具有规模化、品牌化的企业。近几年武汉市培育了数个规模较大的家政企业，武汉市武昌区同济万嘉家政综合服务部、武汉市洪山区同济月嫂家政服务部光谷店、武汉市东西湖同济同心家政服务部（下文简称“同济家政”）、恩安公司、武汉市友缘家政服务有限公司（下文简称为“友缘家政”）、湖北木兰花家政服务股份有限公司等企业员工人数均超过了 2000 名。这些企业不仅在湖北省内形成了一定的知名度，还通过开连锁店、加盟等形式在省外扩展市场，如同济家政的业务覆盖北京、上海、深圳等地。目前武汉市拥有 8 家家政龙头企业、10 余家全国千户百强家政服务企业、6 个省家政服务职业培训示范基地。恩安公司入选湖北省家庭服务职业培训示范基地、省妇女联合会巾帼脱贫示范基地、湖北省总工会“月嫂育婴员就业培训定点机构”等。炎黄家政入选全国家庭服务业百强企业、湖北省现代服务业百家重点建设企业、武汉市大型龙头家政服务企业等。

三是行业发展迈向规范化。1998 年，武汉市妇联开展了创建巾帼家政服务队活动，主要是为大龄、下岗、生活困难妇女提供就业机会，随着市场的运作，“巾帼家政”渐渐成了一个品牌，2007 年 8 月 1 日，武汉市第一个以“家政”为主题的联盟——武汉巾帼家政联盟正式成立，联盟内实行统一的行业标准、薪资待遇、工作制度等。以该联盟为基础，武汉市家庭服务业协会于 2008 年 12 月注册成立，为全市家庭服务业唯一的行业性组织，协会设有母婴护理、居家养老、病患陪护 3 个专业分会，会员企业近百家。2013 年开始，家政服务业保险工作启动，中国太平洋财产保险股份有限公司湖北分公司推出了“家政经营责任险”和“家政服务雇主责任险”综合保险方案，越来越多的家政企业开始购买雇主责任险、经营责任险和人身意外险等商业险种，使得家政服务业发展的风险防御机制更加完善。

四是行业标准化进程快速。在武汉市家庭服务业协会的牵头下，2010 年启动制定武汉市家政服务规范系列行业标准，该项工作历时 3 年完成。该系列规范包括家政服务通用规范、家务服务质量规范、母婴护理服务质量规范、家庭保洁服务质量规范、家庭育婴服务质量规范、居家养老服务质量规范 6 个子规范。该标准获得武汉市人民政府标准研制项目四等奖，获武汉市发展改革委立项通过。2010 年 8 月，由武汉市妇联发起，市工商局组织，市家庭服务业协会参与，着手制定武汉市家政服务合同，并于 2013 年出台了《家政服务业服务质量标准》。2017 年，武汉市清洁行业协会、武汉市标准化研究院等 10 家单位共同起草制定包括家政清洁、物业在内的清洁服务标准。

五是外域企业、互联网企业进军武汉家政市场，促进家政行业多元发展。2009 年，郑州三鼎家政集团有限公司进军武汉，并开设武昌分公司、洪山分公司、江岸分公司。2012 年，中港管家集团国际有限公司进军武汉市场，成立武汉爱君家政服务有限公司。2014 年五八到家有限公司（下文简称为“58 到家”）、五八同城信息技术有限公司（下文简称为“58 同城”）、隶属于北京三快科技有限公司的美团网（下文简称为“美团”）、隶属于上海汉涛信息咨询有限公司的大众点评网（下文简称为“大众点评”）等互联网公司进军武汉家政市场，凭借较低的中介费用、快捷的预约方式、可看的评价等优势，迅速占领了武汉市线上家政流量市场。

在互联网公司的刺激下，武汉本地家政企业也纷纷尝试开发并应用智能家政管理系统。2019 年 10 月，支付宝（中国）网络技术有限公司与恩安公司共同打造支付宝智慧家政管理平台，恩安公司成功入驻支付宝智慧家政平台，成为全省乃至全国首家入驻单位。

三、武汉市家政服务业发展现状

最新统计数据显示，湖北省家政服务企业及网点超过 4 万家，从业人员规模超过 120 万人。武汉市的家政服务业从 20 世纪 90 年代初发展至今，取得了巨大的成就，家政企业（包括企业、个体户等）超过 3000 家，主要分布在洪山区、武昌区、江汉区等中心城区。武汉家政企业在数量、规模、从业人数、营业额等方面在省内遥遥领先。

20 世纪 90 年代前期，在妇联、劳动部门的关心和帮助下，一批年轻的女性下岗工人创办了家政公司，吸引了大批下岗女工进入家政行业，武汉的家政业肇始于这一特殊的时代背景下。武汉市第一张家政组织的从业证书由武昌区中南路街道办事处颁发。1998 年是武汉市家政业发展的第一波高潮，这一年有 270 余家家政公司注册成立。在此后的一段时间内，下岗女工成为这一行业的主力军。2007 年前后，大量武汉周边县市的农村女性进入武汉家政行业，促进了家政业的再次繁荣，在育婴、养老护理、物业等领域取得了进一步的发展。

目前从人口规模、经济发展水平、营商环境等数据来看，武汉市家政业的持续快速发展拥有良好基础条件。

从人口数据看，2018 年，武汉市常住人口 1108.1 万人；中心城区人口保持平稳，人口数量为 624.23 万人；全市户籍人口自然增长率 8.23‰，并且常住人口增加量高于北京、上海；常住人口在湖北省占比也在逐年提高，统计显示，2018 年武汉市常住人口数量占比湖北省常住人口数量的 18.73%。

从经济发展数据来看，赛迪工业和信息化研究院城市经济研究中心发布的《2019 年中国城区综合竞争力百强研究》中，武汉市江汉区（第 34 名）、汉阳区（第 54 名）、武昌区（第 59 名）、江岸区（第 63 名）、洪山区（第 68 名）、东西湖区（第 88 名）、江夏区（第 98 名）共 7 个区上榜，比 2018 年增加两个区。

在营商环境方面，2019 年“中国国际化营商环境高峰论坛暨《中国城市营商环境投资评估报告》发布会”在武汉市举行，武汉市被评为中国国际化营商环境建设标杆城市。

武汉市家政服务人员基本情况详述如下：

1. 性别、户籍情况

此次调查发现受访者中 99.17% 的家政服务人员为女性，均高于北京、上海、南京、无锡、佛山、广州等地的女性家政服务人员比例，并且农村户籍的家政服务人员占到了 61.77%，城市户籍的家政服务人员已经降至 23.82%。在地域上，武汉市的家政服务人员以本省人为主，约 97% 的受访者为湖北人，其中 36.84% 的受访者为武汉市户口。

2. 年龄、从业时长

此次调查显示，45 岁以上的家政服务人员占 361 名受访家政服务人员的 41.36%，39.54% 的购买过家政服务的受访者也反馈目前正雇佣的家政服务人员的年龄在 45 岁以上，两个数据较为接近。从业人员平均年龄上，武汉家政服务人员的平均年龄要明显低于南京、无锡、广州和佛山等地。

从事家政工作超过 10 年的家政服务人员占受访者的 5.54%；从事

家政工作 5 ~ 10 年的家政人员占比 26.87%，本次调研中从事家政工作最长时间为 20 年。

不过受访者中工作时间低于或等于 3 年的家政服务人员接近受访总人数的一半，高达 46.54%，特别是工作时间在 1 年以下的家政服务人员大量存在。在平均工作年限上，武汉市的家政服务人员也低于南京、无锡、广州和佛山 4 地的综合情况，说明了武汉市家政服务人员流失率高、家政行业的持久吸引力不足。

3. 学历和培训情况

在学历上，本次受访者的受教育程度与受教育时长均高于国内已有调查所得出的数据。其中，接受过高中、中专或技校学习的受访者占比 40.44%，接受过初中教育的受访者也达 50.14%。南京、无锡等地的调查数据发现接受过小学教育的家政服务人员比例高达 30%。武汉市出现这一情况与大量年龄低于 35 岁的年轻女性涌入母婴护理、育婴师等家政领域有关。

正是因为家政服务人员并没有统一的从业门槛和资质要求，家政行业中受国家职业资格培训的只有育婴师，虽然保洁、母婴护理、产后康复、催乳、小儿推拿、养老护理、家庭烹饪等属于家政专项能力培训范畴，但缺乏统一的资质要求和资格认证。

94.18%（340 人）的受访者表示接受过从业培训，其中 298 人在武汉市的家政公司或家政培训学校接受技能培训，培训项目多为母婴服务、月子保姆、清洁服务、老人陪护、病人陪护等。

调查数据也发现，目前除了育婴师有省、市职业技术等级鉴定部门颁发的证书外，其他类型家政服务的技能、等级、培训时长等均由各个培训机构自己设置标准、自己认定和颁发证书，无统一的核准指标和核准单位。

4. 入行情况

家政服务人员第一次入行时通过熟人介绍、老员工介绍的比例高达45.15%，自己找家政公司或中介公司的占比 40.55%，同样在后续寻找业务时依靠熟人介绍的情况也普遍存在。

在入行办理健康证这一事项上，65.65% 的家政服务人员在医院办理健康证，而高达 1/3（32.69%）的家政服务人员在防疫站办理健康证，也有极少数不清楚或者没有办理健康证就直接上岗服务的家政人员。

5. 工作时长

表示工作时长等于或低于 8 小时的家政服务人员占受访者的16.90%，但不容乐观的是 29.09% 的家政服务人员表示自己是 24 小时在岗服务，住家家政服务人员的日平均工作时长超过了 15 小时。并且家政服务人员的日常休息也难以得到有效保证，分别有 26.59%、6.93% 的家政服务人员表示不太能、完全不能满足日常休息需要，有 45.15% 的家政服务人员表示经常性感到疲劳。

6. 权益保障

由于武汉市中介性质的家政公司、家政个体户大量存在，因此家政服务人员购买社会保险的比例极低，并成为一个普遍的行业现象。调查发现，仅 11.63% 的受访者表示购买了城镇就业职工“五险”，17.45% 的受访者购买了灵活就业人员险，购买城镇居民险的有 13.02%，购买农村养老保险的有 24.10%。基于行业特征而设计的家政人员责任险的购买比例也不乐观，购买了家政人员责任险、意外伤害险的分别有13.85%、15.24%，甚至 8.03% 的受访者表示自己没有保险。通过对家政企业的调查，发现以保护雇主为目的的家政经营责任险也极少有家政企业购买。这些数据说明，针对家政从业者的社会保障、保险机制还不够完善。并且服务购买方普通市民购买保险的意识也较低，这些均为家政服务人员本人出现意外或者给雇主家带来损失等事件出现后难以获得有效保障埋下了伏笔。

在工作中，最近一个月家政服务人员被雇主辱骂、殴打的情况极其少见，不过在工作中受伤的有 5.54%，被认为有恶意投诉的占 3.88%。同时，91.69% 的家政人员表示工作期间生病了由自己承担医药费。

7. 工作满意度与价值感

值得关注的是，受访家政服务人员中工作满意度较高，76.73% 的受访者认为雇主信任自己；62.25% 的受访者对目前的收入满意；21.33% 的受访者对工作非常满意，41.55% 的受访者表示对工作比较满意；47.65% 的受访者表示自己在工作中没有不满或委屈，没有受访者表示有非常不满的情况，有不太满或委屈的受访者只有 7.2%。

不过值得注意的是，在问及对工作中的不满或委屈认为谁负有最大责任的回答中，只有 1 个受访者（占 0.28%）认为是雇主家庭中的男性，而 46 个受访者（占 12.74%）认为是雇主家庭中的女性，这说明雇主家中女性成员对雇佣关系的影响较大。

76.73% 的受访家政服务人员认为家政工作能给自己带来价值感，表示不能带来价值感的受访者只有 3.60%。75.07% 的受访者坚信未来家政业会蓬勃发展。

不过尽管如此，家政服务人员对家政行业的职业化认同度依然有待提高，有 15.24% 的受访家政服务人员认为家政不是一份正式工作。

整体而言，武汉市的家政从业群体总体工资水平不低，但工种间差距较大；工作时间长的现象普遍存在，职业健康问题值得关注；家政行业入门培训开展多，但进阶培训、提升培训少，培训行业缺乏统一标准，技能认定各自为政；家政服务人员的工作满意度和价值感评价较好，从业人员们对家政业的前景较乐观。当然，不得不面对的是，普通市民对家政业的职业化认知并不高，高端家政服务需求市场还有待进一步培育，行业的信息化、智能化管理水平与行业的发展需求不匹配。

四、武汉市家政服务业发展中的问题

武汉市作为我国中部地区的中心城市、中部地区唯一的副省级城市，近年来家政服务业同样取得了巨大的发展，武汉市家政服务市场潜力较大，家政服务业呈现出多层次、多业态和多样化快速发展的特点。

但除了表现为《国务院办公厅关于促进家政服务业提质扩容的意见》中所归纳的“有效供给不足、行业发展不规范、群众满意度不高”等共性问题外，武汉市家政业也存在一些比较突出的问题，这些问题限制了武汉市家政业提质扩容和深入发展。家政服务业所面临的问题也值得进一步总结和反思。

（一）家政行业层面

作为一个发展相对较晚、发育空间巨大的行业，其面临的问题主要有:

1. 模糊的行业内涵

尽管家政服务业在我国发展了将近 30 年，但在政策文件中对家政服务业却极少采取下定义的方式进行界定，多采取列举的方式概括家政服务业的内容。随着家政服务业的发展，新型的服务领域被不断开拓，搬家、物业、家庭理财、信息服务等都进入了家政业的服务范围之中。部分物业公司、信息科技公司、商务服务公司等获得了一些针对家政业的政策扶持，甚至入选国家发展改革委办公厅、人力资源社会保障部办公厅、商务部办公厅等举办的家政服务业发展典型案例遴选名单之中。这都体现了家政服务业作为一个行业其内涵具有一定的模糊性，正是由于行业内涵的模糊导致行业边界不清晰，很多扶持政策、财政资金的投放不够精准。

《国务院办公厅关于促进家政服务业提质扩容的意见》中明确提出“家政服务业是指以家庭为服务对象，由专业人员进入家庭成员住所提供或以固定场所集中提供对孕产妇、婴幼儿、老人、病人、残疾人等的照护以及保洁、烹饪等有偿服务，满足家庭生活照料需求的服务行业。”这使得家政服务业的概念进一步明确。当然也使得物业公司、信息科技公司、商务服务公司等是否是继续归属于传统家政业，以及家政公司的经营范围能否超过前述之界定及超出的限度等问题值得进一步商榷。

2. 市场规范化程度不高、法规保障不完善

家政服务业是服务业中的新兴产业，由于发展时间相对较短，各种规章制度、法律法规并不完善。尽管商务部早在 2012 年就制定了《家政服务业通用术语》SB/T 10847—2012、《家政服务员培训规范》SB/T 10848—2012、《家政服务业应急快速反应规范》SB/T 10849—2012 等行业标准，武汉市也先后制定了《武汉市家政服务规范》《家政服务业服务质量标准》《清洁服务标准》，然而上述规范、标准均为行业自律标准，不具有强制性和约束力，因而在现实中并没能够有力推行。整个行业处于各个家政公司自我制定标准、自我执行、自我监督的松散状态。

调查走访发现，目前武汉市主要的家政公司均自己设计培训课程、划分资格等级、评判资格资质、颁发认证证书等，行业内缺乏受认可的统一标准，各自为政。更为尴尬的是，尽管《武汉市家政服务规范》早在 2013 年就已经制定，但在问卷调查中发现，表示了解、阅读过该规范的受访者仅占总受访者的 3.17%，而表示没有听过该规范的受访者比例高达 37.73%。如姜嫂家政负责人直言武汉市的家政行业仍处于“有规范而无规范化”的阶段。

与此同时，现有法律法规较少注意到家政业从业者和雇主的权益保

护问题。其中突出的就是雇佣关系和劳动关系的模糊区别产生了不同的法律干预后果。在家政服务活动中，一般涉及三方法律主体：家政服务人员、雇主和家政公司。目前武汉市实行员工制的家政公司极少，大量家政服务人员为会员制或登记制，甚至是私下推荐，使得在家政服务人员发生了意外或与雇主发生纠纷后难以受到劳动法保护，或者难以由法律界定三者权责边界，导致三方维权难度极大，并且由于适用法律不同而受到的权益保障也有极大区别。

3. 供需两端不平衡

一方面是数量上的供需不平衡。据武汉市家庭服务业协会统计，目前武汉市家庭服务用工缺口约 8 万人，在节假日期间，岗位供需缺口更大，如春节期间家政市场供需比达到 1 ： 3。在此次调查中，从事老年服务与管理、病患陪护的受访者仅占 1.94%、0.55%，但市民的需求报告中老年服务与护理、病患陪护服务、母婴护理的需求占 18.6%、 18.6%、39.53%。因此在养老、病患陪护、月嫂等领域常常表现出“人难找”的局面。

另一方面是供需结构上的不平衡。目前武汉市家政市场的供给以简单劳动型家政服务为主，但市场对技能型家政服务人员需求旺盛。低端供给和高端需要之间存在结构上的不平衡，并且一时难以弥补。

4. 传统红利日趋减少，从业人员处于更替之际

武汉市家政服务业肇始于 20 世纪 90 年代初，大量下岗女工加入了该行业之中。时至今日，当年下岗女工中年龄大的早已到退休年龄，一般而言年龄小的也过了 45 岁。此次调查显示，45 岁以上的家政服务人员占受访家政服务人员的 41.36%，而 57.26% 的居民期待家政服务人员的年龄为 35 ~ 45 岁，仅 19.07% 的居民期待家政服务人员在 45 岁以上。因此，整体来看，目前武汉市的家政服务人员在年龄上并不太能迎合市场的需求，越来越多的家政服务人员将会在最近数年退出家政业，特别是占

家政服务人员总数约 1/3 的武汉户籍家政服务人员会在退休年龄到来之际选择退出劳动力市场。

随着原先的下岗女工退出劳动力市场，越来越多的来自湖北省内其他城镇的女性和农村女性会被吸纳到武汉市家政行业，但这一群体不仅受教育程度相对要低，并且在武汉就业要面临租房居住、家人照顾、家人陪伴、往返交通等一系列问题和成本支出，无疑会使得行业红利快速减少而劳动力成本增加。

5. 行业监管乏力

一方面，家政企业（包括个体户）一般采取工商注册或少量的民办非组织的形式，在成立之后除了在税务方面接受一定的监管外，在办公条件、服务资质、服务内容、服务标准、收费标准等方面并没有政府部门对其采取有力监管。以致家政服务业鱼龙混杂，不同类型的企业或者个体户发展参差不齐。全国服务标准化技术委员会家庭服务工作组于 2009 年成立，标志着全国家庭服务标准化建设的开端，但全国性的行业标准尚未出台，缺乏统一规范或者相关行业规范制定的指导意见。目前在武汉市，对家政企业或个体户并没有进行严格审查，也缺乏有效年检。如洪山区某家政企业连续 3 年未依照《个体工商户年度报告暂行办法》第十三条规定报送年度报告，虽被列入企业经营异常名录，但该企业的经营并没受到影响。

调查发现，约 1/3 的家政服务人员因出于费用的考虑，在防疫站而非正规医院做入行体检，并未受追责。

尽管武汉市已经成立了市家庭服务业协会，但作为一个民间组织，其缺乏经费来源和组织依靠，无法起到真正的行业监督的作用。工商部门只负责家政企业的登记注册，并不负责后续的监督工作。虽然妇联与家政服务业关系密切，但妇联作为群团组织，没有执法权。因此，家政服务业虽与多个部门有关联，但对其的监管却不够严格。

（二）家政企业层面

家政企业是家政行业的重要力量，其发展状况直接影响着整个行业的生态，就家政企业而言，其面临的问题体现在如下方面。

1. 家政企业多小、弱、散，培育龙头企业任重道远

目前家政行业员工制推行步履维艰，家政从业人员中员工制人员比例较低，家政服务业基本处于一种松散的经营管理模式和低数字化状态。针对武汉市普通市民的调查数据显示，在已经找到家政服务人员的受访者中，46.51% 为靠熟人推荐，在中介性质的家政公司找到家政服务人员的占 16.28%，而在一般家政公司找到家政服务人员的仅占 9.3%。

目前，武汉中介家政公司私下介绍家政服务人员的情况较多。尽管武汉市已拥有 8 家家政龙头企业，同时炎黄家政、友缘家政、木兰花家政等品牌开始形成，但龙头企业的市场吸引力和行业引领力仍然有限，龙头企业多有其主打产业，在传统的入户型家政领域尚没有培育出具有示范意义的龙头企业。武汉市家政企业仍处于小、弱、散的境地。

2. 家政业管理人才相对匮乏

一方面体现在领导型管理人才接续难。强调一线服务的家政企业多属微小型企业或个体户，体量小、管理层级简单，因此长期以来武汉市的家政企业除了创办者外，缺乏专门的中层管理人才。随着原有创办者到退休年龄，对于企业管理、创新发展已经力不从心，而管理上却处于青黄不接之态。目前武汉市在 20 世纪 90 年代成立的家政企业的创办者多过了退休年龄，调查中发现他们的子女多有自己的事业，进入家政行业的意愿并不强，因此家政业领导型人才缺乏、企业领导者恐后继无人。

另一方面体现在能够顺应信息化、智能化的管理者不多。由于家政行业整体上利润空间较小、行业社会认可度不高，故对掌握信息化、智能化技术的受过高等教育者缺乏吸引力。另外，大部分以中介为主的家政公

司长期以来对现代化管理技术并不积极。如武汉市洪山区姜嫂家政的负责人一个人承担着公司的人力资源管理工作与业务分派工作。武汉市武昌区魏老师家庭服务中心负责人至今不会使用智能手机，推动企业的信息化工作很难。武汉小阿姨家政服务有限公司也是由其负责人一个人主要负责公司日常管理工作，其辅助人员是从常年跟随其创业的人员中挑选而来，仍采取的是传统的电话派单。目前在武汉市家政行业中，仅有恩安公司于2019 年 10 月成功入驻支付宝“智慧家政”平台，炎黄家政、友缘家政在养老方面开始了养老呼叫平台的应用，其他公司在信息化、智能化方面推进甚微，相关管理人才较为匮乏。

3. 部分家政业管理人员对家政的认知偏于狭隘

在 20 世纪 90 年代创办的家政企业多从事传统的保洁、育婴、助老等服务，这也是家政服务业中重要的一部分。随着近几年家政行业的内涵迅速扩展，家政服务领域大大拓展。但在座谈会中发现，传统的家政经营者们过于强调家庭保洁、月嫂、育婴、老年护理等进入家庭的服务为家政服务，对物业、培训、家庭管理等不认同为家政服务的内容。如花木兰家政、友缘家政等认为自身是从事物业服务的公司；炎黄家政是开展养老产业和培训的公司等，认为自身并不是正宗的家政公司。这些认知无疑对家政行业融合发展产生了一定的影响。

（三）家政服务人员和社会层面

家政服务人员是服务的直接供给者，社会是家政服务的购买方，就家政服务人员和社会而言，其面临的问题表现在以下方面。

1. 家政服务人员自我社会地位认知较低

通过对武汉市家政服务人员的调查发现，361 名受访者中 65.37% 认为自己处于社会的中下层或下层，仅不到 1/3 的受访者认为自己属于中层，可见家政服务人员普遍认为自己的社会地位偏低。78.39% 的家政服务人员表示不愿意自己的子女以后从事家政服务工作，其中 37.81% 的家政服务人员认为原因是家政服务人员的社会地位低。

社会地位低的另外一个表现就是被要求做工作职责之外的事情，从调查中可知，47.09% 的受访者偶尔有被雇主要求做工作职责之外的事情，10.8% 的受访者则经常面临这种局面。

2. 收入过于依赖时间付出

武汉市家政服务人员的月平均工资接近 4700 元，但工资差异明显，母婴护理收入最高，月平均接近 10000 元，最高者甚至达到 13000 元，从事清洁服务、烹饪等服务的家政服务人员工资约为 5000 元，普通的养老护理人员工资多为 3500 元左右。整体而言，家政行业工资并不低。

同时，需要注意的是，约 75% 的家政服务人员表示受到疾病困扰，特别是颈椎病、腰痛、关节疼痛、胃病等疾病比例较高。尽管家政行业整体而言工资不低，但不能忽视的是 29.09% 的家政服务人员表示自己是 24 小时在岗服务，分别有 26.59%、6.93% 的家政服务人员表示不太能、完全不能满足日常休息需要，作为工资最高的月嫂甚至是一个月 26 天不间断地工作，为了节省生活成本，她们需要在一单结束之前马上接另一单。家政服务人员的高收入以其短期内长时间投入和克服身体疲劳为代价，并且家政服务人员普遍面临着没有订单则没有收入的困境。

3. 市民对家政行业的认知度有待提高

首先，市民对家政行业的职业化认知有待提高。无论是在访谈中还是在问卷调查中，发现目前在武汉市通过熟人关系私下寻找家政服务人员的现象仍较为普遍。一方面因为大量中介性质个体户的存在为市民寻找家政服务人员提供了便利，另一方面因为家政服务人员之间通过熟人介绍入行的情况也使得通过熟人关系网络寻找家政服务人员成为可能。对市民计划通过何种方式寻找家政服务人员的调查数据也显示，48.56% 的市民表示将通过熟人推荐寻找家政服务人员，到中介性质的家政公司找家政服务人员占比 7.35%。另外，将报酬直接支付给家政服务人员的受访者也占到了 51.18%。可见，很多市民并没有将家政服务人员作为一种职业化的人员而通过正式、正规的路径选择和支付劳动报酬。

其次，市民对家政服务行业的规范了解不多。44.88% 的受访市民不知道雇主责任险、经营责任险这两种对于保护自身权益极为重要的险种，16.27% 的受访者市民表示不会与家政服务人员签订协议，分别有 37.8%、27.56% 的受访者表示对《武汉市家政服务规范》没有听说过或只听过名称。同时，有部分市民没有将家政作为一个职业或专业来看待，缺乏权责意识，对家政服务人员的工作范围和服务内容缺乏清晰的认知。数据显示，10.8% 的受访家政服务人员表示经常被雇主要求做工作职责之外的事情。

五、武汉市家政服务业提质扩容的路径建议

如何将家政业当作一项重要事业来做，做好家政业的提质扩容工作，值得全社会参与并献计献策。结合武汉市家政业发展历程、现状以及所面临的问题，本调研报告从地方政府部门、家政行业与企业、家政服务人员、社会 4 个层面提出发展对策，力图进一步推动武汉市家政业向职业化、规范化、品牌化、信息化、产业化方向发展，促进武汉市的家政企业做大做优做强，为全国家政服务业发展提供示范经验。

（一）地方政府层面

1. 领会、消化和落实已有政策

2007 年 3 月，《国务院关于加快发展服务业的若干意见》提出“大

力发展家政服务和社会化养老等服务业”，首次将家政服务业上升为服务业的重要领域之一。此后党中央和国务院多次出台文件推动家政行业的发展。

2010 年，《国务院办公厅关于发展家庭服务业的指导意见》，首次对家政服务发展作出了全面部署。2017 年 7 月，国家发展改革委、人力资源社会保障部、商务部等 17 个部门联合印发《家政服务业提质扩容行动方案（2017 年）》，从引导家政企业做大做强、加强对行业发展的政策扶持、健全职业培训制度、完善家政服务标准和服务规范、强化监督 5 个方面提出了一系列政策措施，促进家政服务提质扩容。2019 年 6 月，国务院办公厅印发《关于促进家政服务业提质扩容的意见》，意见指出，家政服务业作为新兴产业，对促进就业、精准脱贫、保障民生具有重要作用。近年来，我国家政服务业快速发展，但仍存在有效供给不足、行业发展不规范、群众满意度不高等问题。为促进家政服务业提质扩容，实现高质量发展，意见提出 10 方面重点任务。

2018 年 11 月 27 日，习近平总书记视察济南外来务工人员综合服务中心时表示：家政服务是社会需要。许多家庭上有老、下有小，需要服务和照顾，与人方便，自己方便。家政服务要讲诚信、职业化。

习近平总书记对家政业的指示和国家 10 余年的政策支持，为武汉市家政业发展指明了方向，并提供了政策依据。作为地方政府，要进一步消化已有政策，做好各项政策在武汉的落地工作。

2. 厘清概念、分类扶持，做好固本培基工作

随着《国务院办公厅关于促进家政服务业提质扩容的意见》对“家政服务业”做出了明确界定，家政服务业较之前有更为明确的内涵和边界。武汉市及各区宜以此意见为基础，在落实国家各部委及省厅政策时进行分类扶持，保证资源有效利用，做好家政行业的固本培基工作。

扶持政策首先应该倾斜于面向弱势群体提供一线服务的家政公司和家政服务人员。这类家政公司应该是立足一线服务，进入家庭或固定场所，面对孕产妇、婴幼儿、老人、病人、残疾人等弱势群体，主要是提供照护、保洁、烹饪等有偿服务，其目的是满足上述人群的家庭生活照料需求等基本性需求。这类服务多基于传统家政或由传统家政演变而来，提供此类服务的家政服务人员除了月嫂在收入上有明显优势外，提供助残服务、养老服务、日常照料等服务的家政服务人员的工资和工作条件并无明显优势，行业盈利空间有限，因此需要各类扶持政策的倾斜。

扶持政策其次应该倾斜于提供发展性服务的家政公司和家政服务人员。这些家政公司尽管提供的也是一线服务，但却是为部分家庭提供发展性的家庭服务和延展性服务，所面向的群体非普通意义上的弱势群体。如提供家政培训、家政教育的公司，提供搬家的搬家公司等。

扶持政策再次可以向围绕着家政服务所产生的信息服务公司、科技公司、家庭理财公司以及诸如物业公司等倾斜。

3. 多举措助推员工制经营管理模式

虽然从缴纳城镇就业职工险的数据可以看出，目前武汉市家政业推进员工制经营模式仍然效果不尽如人意，但员工制经营管理模式是家政业走向规范化、标准化、产业化的现实要求，也是做好信用信息平台建设等重要工作的基础。目前《国务院办公厅关于促进家政服务业提质扩容的意见》已经明确指出，对与消费者（客户）、服务人员签订服务协议，代发服务人员劳动报酬，对服务人员进行持续培训管理并建立业务管理系统的家政企业提供的家政服务免征增值税。

建议以人力资源和社会保障部门牵头，扩大宣传，积极鼓励家政企业与客户、家政服务人员签订服务协议，相关部门早日落实免征增值税的具体条件、申报办法、奖惩办法等。

以专项补贴减轻企业的负担。建议政府适当补贴家政企业因签订劳动合同而为员工缴纳的养老保险、医疗保险、失业保险、工伤保险和生育保险部分。或者针对家政服务业就业人群户籍的特殊性，允许家政企业为员工只缴纳包括工伤保险、失业保险在内的部分险种，从而既有效降低家政企业因签订劳动合同而带来的经济负担，又保证行业工资的基本稳定。另外，可以给予实行员工制的家政企业在政府购买服务方面的优惠和支持。

同时，针对家政服务人员、居民、家政企业加强劳动用工风险的教育说服工作，通过对真实纠纷案件的展示和剖析，提高各方对用工风险的认知度。

4. 鼓励“二次”培训和管理人才培训

从 20 世纪 90 年代开始，各级政府、工会、妇联等部门就一直非常重视家政业的培训，近几年为实现农村地区贫困人口脱贫开展了农村女性的转移就业培训，但已有培训多有着“促就业、转移就业、吸引更多劳动者从事家政服务行业”的政策导向，因此多强调的是岗前培训、就业技能培训。因而，对于已然进入家政业并从事家政服务工作人员的“二次”培训或再培训工作却鲜有政策支持。

目前武汉市对于已经进入家政业工作的家政服务人员并不再提供培训支持政策，既没有专项资金，也不提供食宿等补贴，更没有培训补贴。市、区妇联可以联合人社部门利用已有的“巾帼家政服务专项培训工程”，将培训工作一分为二。在湖北省内各县市开展一般化的岗前培训，在武汉城区范围内针对已经入行的家政服务人员实施“二次”培训或技能完善提升培训工程，在食宿、误工等方面提供必要的补贴，加大在师资、设备、器材等方面的支持力度，引导更多的在岗家政服务人员愿意接受再培训，从而能够及时提升专业技能和服务质量。

建议使用失业保险基金结余部分来支持家政业“二次”培训或技能

完善提升培训工程。

同时，基于武汉市家政管理人才匮乏的现实状况，要加强对家政管理人才的培育。建议由妇联和人社部门牵头、市家庭服务业协会主办的组织形式，针对管理问题和管理人才培养举办封闭式培训班，培育家政业管理人才；同时积极吸引其他行业的管理人才进入家政业工作。

5. 加强行业规范建设工作

自 1996 年国际标准化组织提出“服务标准化”后，欧洲标准化委员会就开始了在服务业中探索标准服务的实践，如英国已于 2000 年实行了《照料标准法案 2000》。我国深圳市 2004 年 1 月 1 日起正式实施“家庭服务行业系列标准”，包括《家庭服务经营管理行为规范要求》和《家庭服务消费行为规范要求》和《家庭服务质量要求》标准较为完整地明确了家庭服务经营者、家庭服务员和家庭服务消费者三方的权利和义务。

无论是商务部还是武汉市家庭服务业协会等部门、组织都制定了诸如《家政服务业通用术语》《家政服务业应急快速反应规范》《家政服务员培训规范》《武汉市家政服务规范》等行业标准，但时至今日这些行业标准在武汉并未被有效推广落实。为了进一步推动行业的规范化、标准化，要加强行业规范的落实工作。

首先需要明确家政服务业的监管部门，解决“多部门共同管理，而实际无部门管”的现象。

其次，发挥行业协会的自律作用，在行业协会会员单位内首先推行行业规范，制定行业门槛，引领行业风气，形成行业倒逼机制。

除了加强已有行业标准的落实工作外，还需要进一步推动行业标准的完善。如政府部门可以联合法院、高校、律师事务所、家政企业一起着手制定家政服务双方及三方协议范本，规范机构用工，明确机构、从业人员及居民家庭用户双方、三方权利与义务，推动行业用工规范化，营造更为友好的用工环境和保障制度环境。

6. 鼓励购买商业保险，降低家政服务业的行业风险

家政服务人员的社会保险问题是关系到行业吸引力、从业者稳定性、家政企业经营风险和雇主等多方的重要问题。一方面，政府部门要加强行业风险宣传，动员家政企业主动为家政服务人员购买商业保险，避免因小失大。另一方面，政府可对家政企业为家政服务人员购买商业保险支付费用减免所对应的税费，或给予一定补贴。再者，学习山东青岛经验，尝试实行家政企业、家政服务人员、政府各承担一定比例的办法投保，扩大资金池，增加赔付率，增加商业保险的吸引力。

7. 推动家政行业信息化建设

随着互联网技术的发展，家政业也面临着积极应对互联网技术影响的压力。

首先，推动目前对武汉市家政市场影响较大的互联网企业的线下建设和发展工作，从而更好地保障消费者、家政服务人员的权利，也防止恶性竞争的出现。

其次，支持家政企业应用现代办公软件、信息管理软件，提升工作效率和管理效率。如利用行业协会组织大学生志愿者为家政管理人员进行办公软件培训。

再次，根据访谈和问卷调查发现，武汉市内各区家政企业的信用信息系统录入比例不高，宜继续推动家政业信用信息建设工作，适当放宽录入工作的截止日期，给予家政企业以人力支持，进一步提高各家政企业家政服务人员的录入比例，避免后续大量返工。

8. 表彰、激励、宣传优秀家政服务人员

积极落实五一劳动奖章、五一巾帼标兵、三八红旗手（集体）、城乡妇女岗位建功先进个人（集体）、青年文明号等评选表彰向家政从业人

员倾斜的指导意见。在武汉市，可以将“黄鹤英才”及各区人才计划称号向家政业管理人才和家政服务人员适当倾斜。

加大家政服务业典型案例宣传力度，利用电视台、报纸、网络等宣传平台加大对爱岗敬业的家政服务人员的宣传力度，营造良好的从业舆论环境与社会舆论环境。

（二）行业和企业层面

从家政行业和企业的角度而言，可以在以下方面开拓企业的自我发展空间。

1. 加强行业协会建设

武汉市早在 2009 年就成立了市家庭服务业协会，除了收取会费外，市家庭服务业协会无其他经费来源，成为一个比较松散、约束力较弱的民间组织。因此，需要珍惜已有组织平台，加强协会建设。

首先，要形成常态化的运行机制，从会员管理、会议管理、财务管理等入手，依托妇联组织、妇女干部学校等传统资源，建立全市范围内的联席会议制度，各区轮流召开联席会议，推动协会和行业发展。

其次，加强行业规范建设，在领域分类、入行门槛、培训课程、资格认定、技能等级认定、教授资质、评奖评优等方面建立统一标准和规范，统一开展培训、资格认定、技能认定、评奖评优等工作，规范市场。比如推动入行体检的规范化，杜绝到防疫站体检这类不负责任的行为。

再次，推动信用信息平台建设。利用互联网、大数据等先进技术，形成信用信息共享，建立行业诚信体系和信用信息库，有效应对失信行为和风险，构建起良好的家政诚信生态，促进行业自律。

最后，加强行业评估。引入行业评估模式，以评促进、以评促改，以行业标准和规范促进各会员单位自我规范、自我提升，形成行业引领的典型，促使家政企业分批次向规范化的方向前进。

2. 提高行业准入门槛

为了企业的长远发展和行业声誉，宜打破目前的“零门槛”状况。企业应严格对待体检工作，做到入行体检和一年一次体检，全面了解和掌握家政服务人员的身体状况，根据不同岗位的要求对家政服务人员提出建议，针对有不适合从事家政服务业的家政服务人员应该及时予以制止并给予登记，建立预警机制。

学习广州市相关经验，建立行业诚信自律平台，建立家政服务企业、从业人员信用记录，并相应纳入国家企业信用信息公示系统、全国信用信息共享平台和“信用中国”网站。加强诚信信息公开上网，完善行业内企业和从业人员优胜劣汰机制，营造良好的行业竞争环境。

3. 加强与高校合作，家政知识进高校

家政企业要加强与家政专业及其相近专业的合作，如与社会工作、护理学、心理学等专业合作，建立校企实习基地，让这些专业的大学生了解家政业，吸引这些专业的学生到家政企业实习并工作。

同时，开展家政知识进高校、进课堂活动，让大学生更全面、科学地认识家政业，为家政业的发展储备人才。

4. 加强与社会组织合作，家政知识进社区

尽管现在使用家政服务的居民越来越多，但对家政业、家政服务人员形成全面、正确认知的居民并不多。同时，很多家政企业面临着进入社区难的困境。家政企业可以与社会组织合作，利用社会组织扎根社区的特点宣传家政业，推动家政知识进社区。

家政企业可以与志愿服务团队、社工机构等合作，在为社区居民提供免费志愿活动的同时，让居民更为全面、理性地认识家政业，学习更多的家政知识，从而在需要的时候更为理性、科学地购买家政服务。

（三）家政服务人员层面

作为服务的直接供给者，家政服务人员的改变对于整个家政业的提质扩容有着至关重要的影响。

1. 重视并参与技能提升培训

培训对于职业技能提升有重要作用，也是增加工资的重要条件。家政服务人员在接受入门培训的同时，需要树立参与“二次”培训与技能提升培训的意识，积极参与政府部门、行业协会、企业组织的正规培训。

2. 重视劳动合同、服务协议的签订

为有效应对行业风险，保障个人劳动的合法权益，家政服务人员宜主动要求与家政企业、雇佣者签订正规的劳动合同或服务协议，从而在面临意外事件时能够获得法律的有效保障，减少个人及家庭损失。

3. 重视家政信用平台信息录入等基础信息收集工作

家政行业信用信息建设工作对行业规范化发展具有基础性作用。由于非员工制的盛行，家政行业的发展整体比较粗放，为了做好行业深入发展的基础工作，也为行业提质扩容做好准备，应重视家政信用平台信息收集和录入工作，做到积极参与信息录入工作，应录尽录，以免信息缺失和后续返工。

4. 注意工作压力的缓解、心理压力的纾解

家政服务人员在工作中宜合理安排工作，保证基本睡眠和休息时间，不宜长时段地无休工作。积极关注个人的情绪、心理问题，掌握减压、舒缓情绪的有效办法，参加企业组织的心理健康讲座和活动。

（四）社会层面

社会大众是家政服务的主要购买方，普通居民对家政行业和家政服务人员的认知将直接影响整个行业的发展。

1. 端正认知、尊重职业

任何职业都没有高低贵贱之分。普通居民需要端正对家政业、家政服务人员的认知，建立起家政业是社会上一个普通行业、家政是一个普通工种、家政服务人员是职业化的从业者的认知理念，不可戴着有色眼镜观看家政业和家政服务人员，不能将家政服务人员等同于传统社会的“佣人”“家仆”，要尊重家政服务人员的个人空间、劳动付出和人格尊严等。

家政服务购买家庭要关注家政服务人员的身体、心理状况，营造合法、合理、合情的工作环境，尊重家政服务人员的休息权等。

2. 理性认知用工风险

市民需要理性认知雇佣家政服务人员过程中可能面临的纠纷和风险。市民要通过正规的家政公司购买家政服务，在雇佣家政服务人员时应要求家政企业提供合法手续，要求家政服务人员提供正规的健康证或体检证明、劳动合同。如市民可以通过“天眼查”“信用中国”等正规查询系统查找家政企业的相关信息，选择合法合规、信誉度高的家政企业购买服务。

3. 加强家政相关专业建设，培育专业人才

家政专业作为一种社会性极强的专业，在本质上应是一种“生活教育”专业，这种专业的特殊性，决定了人才培养的特殊性。一是缩短学制。以实施专业能力培训为主、学历教育为辅，摒弃传统的高职家政专业三年学制，把主要精力放到专业能力培训中去，把现代学徒制的核心和精髓融入其中。二是实施专业“嫁接”。在家政专业课程中增加护理、康复、婴幼儿哺育、学前教育、管理等相关专业课程，培养复合型家政技能人才。

高校在确立家政学专业人才培养目标时，一定要紧密对接家政服务岗位实际需求和需要。本科院校、高职院校和中职学校要根据自身实际情况，实行错位发展、差异化竞争，在培养研究型、教学型、管理型、实用

型、技能型、服务型等人才之间做出理性选择，从而确立自身的人才培养优势，打造特色和优势品牌 。

致谢

感谢武汉市洪山区妇女联合会、武汉市家庭服务业协会、武汉市巾帼家政联盟、武汉市首嘉巾帼家政有限公司、武汉市白领家政保洁有限公司、武汉潘姐好口碑家政服务公司、武汉恩安健康管理有限公司、武汉炎黄家政科技公司、洪山区社会组织孵化基地等单位对本报告的支持。

党建引领，自治、德治、法治相结合的『撤村建居』社区治理现代化①

——武汉市汉阳区江欣苑社区治理创新

随着我国城镇化的快速推进和武汉建设中心城市的步伐不断加快，“村改社区”在城镇郊区越来越普遍，加快破除城乡二元结构、形成城乡经济社会发展一体化新格局、推进社会治理现代化已成为时代发展的必然。

武汉市汉阳区江欣苑社区原为江堤街渔业村，是全市最大的农民还建小区之一，2004 年 11 月纳入“城中村”改造范围，2009 年“撤村建居”。如何帮助他们由村民变居民，由生人变熟人，改变“打牌日当午，反正没有土，不愁盘中餐，吃喝找政府”的消极心态，实现生产生活方式的根本转变，重建幸福美好家园，构建有效的社区治理秩序是面临的首要难题。

江欣苑社区作为一个典型的“撤村建居”社区，十年来在社区党组织、社区居委会的领带下，摸索出了一套党建引领，自治、德治、法治相结合的社区治理模式，为武汉市社区治理现代化工作贡献了经验。

① 本报告形成于 2019 年，获武汉市委常委、政法委书记肯定性批示。

一、背景起源

2004 年 9 月，武汉市委、市政府出台《关于积极推进“城中村”综合改造工作的意见》，正式拉开全市“城中村”综合改造序幕。当时的渔业村党支部深入研究、统筹谋划，利用半年多时间，挨家挨户走访调研、宣讲政策、发放征求意见表，了解掌握村民思想动态，做好答疑释惑和思想疏导等工作，取得了广大村民对改造工作的理解和支持。

2005 年 7 月，渔业村正式启动“城中村”综合改造工作，以此为契机成立“武汉龙洲置业有限公司”，完成村集体经济改制。2006 年 3 月，621 户渔业村村民农业户口改登为城市居民户口。2007 年 7 月 26 日，第一批农民入住江欣苑，2018 年 8 月 18 日第二批农民入住江欣苑，共计完成了近 2000 户农民的安置工作。2009 年 12 月 20 日，渔业村党支部、村委会撤销，挂牌成立“江欣苑社区党支部”“江欣苑社区居委会”。2010 年 4 月，启动村湾整体改造拆迁工作，历时 48 天，没有发生一起上访事件，创造了全市“城中村”拆迁“第一速度”。

短短几年时间，这个由特殊环境、特殊地理区位、特殊居住人群、特殊管理团队造就特殊管理模式的“五特”小区，成功实现了社区居民生活方式、文明形象、组织形态的巨变，展现出文明幸福、和谐安宁的新型社区形象。

——从“村湾”到“小区”，生活环境变美了。原来的渔业村周边多为市政基础设施建设的“死角”和“盲点”，村湾环境恶劣，道路坑洼。社区建成初期，路不通、水常停、电常断，村民入住时不仅带来了昔日的渔网、锄头、粪桶等生产工具，还带来了鸡、鸭以及看家的狗，甚至是耕地的牛，社区一度成为“都市村庄”。党组织看在眼里、急在心里，千方百计改善基础设施，苦口婆心做群众思想工作，使社区面貌焕然一新。现在的社区一米之内有文化长廊，出家门即可观赏；十米之内有休闲设施，能读书能健身休闲；百米之内有教育培训，能学习能就业。

——从“村民”到“股民”，群众收入增加了。2003 年前，渔业村村级集体经济负债 200 多万元，“村改社区”后成立了武汉龙洲置业集团公司，公司下设 7 家子公司，主要涉及房地产、文化产业、物业管理、园林绿化、建筑装饰等行业，跻身全区村级公司“第一方阵”。产业项目的蓬勃发展，带来了群众收入的快速增长。每年发给每位居民的生活费及福利分红由 2000 年人均 600 元增加到 6 万余元，整整增长了 100 倍。同时社区还为全体居民办理了社保和医保，每位居民能按月领到生活费、过节费，天热有降温费，天冷有采暖费。

——从“农民”到“市民”，居民文明程度提高了。“村”到“社区”的转变带来的是环境面貌的转变、居民收入的转变，更是生产生活方式的转变。过去居民要走几公里才能买到日常生活用品，如今在家门口就能买到；过去村里的治安条件不是很好，现在社区虽然没有大门，但从未发生一起失盗情况；过去村民文化活动贫乏，如今社区文化活动好戏连台：每月逢 1 日，党员集中活动；逢 2 日，妇女活动；逢 3 日，乒乓球比赛活动；逢 9 日，老年艺术团公开演出活动，社区 41 个协会组织，轮流表演，长年不断。现今，社区建设了舞蹈室、书画室、乒乓球间、高龙博物馆、汉秀博物馆、老年大学等。

——从“管理”到“服务”，党组织凝聚力增强了。随着“村改社区”的推进，党组织的工作重心逐步由管理村务向服务居民转变。社区党委发明了“六点半晨步法”，班子成员集体坚持每天早上 6 点钟绕社区步行一圈，让居民随时看到党的“身影”，听到党的“声音”，每个家庭、每位居民出现任何异常情况，社区党组织总会第一时间出现；居民过去要跑很多部门才能办好的事，如今在“一站式”服务大厅全部都能办结；居民群众有了急事、难事、烦心事，第一时间想到的一定是找社区党组织和党员。社区党组织与群众鱼水相济、亲如一家。

——从“被动”到“主动”，社区居民主体意识提升了。坚持不断增强社区居民参与能力，将民事民提、民事民议、民事民决、民事民评的“四民工作法”作为社区民主议事的基本制度，推选出51名居民代表，定期召开居民代表大会，从社区各项重大事务、惠民事项的提出、商讨，到问题的解决、事项的落实、事后的效果评定，都由社区引导，居民群众全程参与、全程监督。构筑信访工作通道，变“上访”为“下访”。社区干部采取走访联系、谈心说事、发放征求意见表和构建民意反馈渠道等方式，鼓励居民从正规渠道反映诉求，开通了楼栋留言宝盒、居民QQ群、社区微信公众号、值班热线、书记邮箱等，广泛收集居民意见和诉求，并针对居民诉求一一进行限时回复，实行销号式管理，有效维护辖区稳定和谐。大力实施社区治理“五五方略”（详见本书98页），推进社区自治体系建设，积极培育发展社区社会组织，根据群众的需求和兴趣爱好，围绕仁、义、礼、智、信等价值导向，引导居民成立“赛家风”公益联盟、“时间在这里”爱心俱乐部、非遗传承保护协会、戏曲协会、乒羽协会、书法协会等40余个“自治”组织，做到凡是居民需要的都能找到。协调社区居民自发订立“江欣苑社区公约”，建立了“寒暑假托管班”“妇女手工技艺培训”等“微项目”，开展“尊师敬老团年宴”“身边好人评选”等“微公益”活动，围绕公共环境维护、小区停车、宠物管理、绿化认养等制定“微公约”，有效激发居民的主人翁意识。居民能够自觉维护社区安全稳定，人人都是“电子眼”、个个都是“监控器”。大力发展志愿者服务队伍，注册志愿者1092人，占社区居民总人数的16.6%，成立消防、矛盾调解、安全巡查、法律援助等特色志愿者服务队12支，建立志愿服务积分兑换制度，社区志愿者们“进千家门、知千家情、管千家事、暖千家心”，成为社区居民群众贴心的依靠，实现了“左邻右舍一家亲，楼上楼下一家人”的良好氛围。

江欣苑社区作为“村改社区”的一个典型，在党组织的坚强领导下，走出了一条“村改社区”过程中党建设引领和推动新型社区建设的成功之路。江欣苑社区被中共中央评为“全国先进基层党组织”，这也是武汉全市社区中唯一由中共中央颁发的奖牌，同时社区还获得“全国文明单位”“全国和谐示范社区”“全国科普示范社区”“全国科技与文化融合示范社区”以及“联合国千年非遗产业发展示范基地”“国家 AAA 级旅游景区”及“国家级非物质文化遗产生产性保护示范基地”等 100 多项荣誉，被全球 160 多家新闻媒体报道。

二、江欣苑“村改社区”成功转型做法

将社区治理体制转型与治理能力提升同步推进，充分发挥各级党组织的领导核心作用，致力民主发动群众、组织扎根群众、产业致富群众、服务凝聚群众、文化引领群众，江欣苑社区走出了一条以党的建设引领“村改社区”转型发展的成功之路。

为适应“村改社区”建设中的一系列新情况、新问题、新挑战，各级党组织始终坚持正确的发展方向，不断强化党组织的领导核心地位，发挥党员的先锋模范作用，激发居民群众的主体意识，探索出了一条坚持党建引领，以服务群众为主线；坚持社区自治以民意为基础，以集体产业为支撑，以公共服务供给为内容；坚持德化工程，以文化活动为主题；坚持法治思维，以规则制度为模式的“村改社区”转型发展的成功之路。

（一）坚持党建引领，强化党的领导地位，始终保持组织不散、思想不乱、工作不断，为“村改社区”治理体系转型提供强有力的组织保障和依托

充分发挥党组织在转前、转中、转后各个阶段的领导核心作用，健全组织体系，优化组织设施，将党的工作做到每家每户。**一是过渡期保持组织不散。**“城中村”综合改造之初，村民拆迁后“四零八落”，居住在“四面八方”。渔业村改变当时相当一部分村改制组建集团公司后迅速撤销村党支部委员会、村民委员会的做法，选择在过渡期继续保留村党支部和村委会。过渡期内，村党支部每周与党员、村民代表电话沟通联系一次，每月定期召开党员大会和村民代表会议通报有关情况，做出重大决策时召开党员大会和村民代表会议研究。同时在网上建立党员 QQ 群，随时在网上发布信息、沟通情况，使党员和村民始终感觉“从未离开组织”。**二是选优训强新的党组织班子。**社区成立后，街道党工委打破原村党支部书记转任的传统做法，按照政治素质高、管理服务能力强、善于做群众工作、熟悉党务工作标准，采取公推直选的方式组织居民选举产生了社区党支部委员会、社区居民委员会，目前社区两委班子成员共 7 人，平均年龄 36.8 岁，全部具有大专以上学历，其中本科以上学历 4 人，年龄和知识结构进一步优化。同时，为使“村改社区”干部尽快适应工作岗位，每年组织开展社区干部集中轮训。并且利用武汉市总工会开展的“名师带徒”活动重点培养社区书记候选人。**三是探索“三三”工作机制。**实行“三位一体”，社区党组织书记、居委会主任、集团公司董事长由一人担任，领导班子交叉任职，进一步增强了社区及集团公司的工作合力。实行“三会治事”，党支部会议事，党员、居民大会定事，党小组及社区协会办事，确保社区各项决策符合居民意愿。实行“三联共建”，党组织与社会组织联建，党员

干部与社区居民联动，企业与社区协会联创，实现共赢。**四是实行“六级管理”推动组织下沉。**为适应城市社区管理的形势，将江欣苑社区划分为4个片区、41个楼栋、128个单元、868个网络，探索建立了“党委书记—支部委员—党小组长—党员—楼栋联系员—单元观察员”六级组织管理体系，挑选41名楼栋联系员、128名单元观察员和868名志愿网格员，分配到“六级管理”链条的各个节点。保证党组织时刻就在居民群众身边，居民的困难随时可以得到解决，使社区党组织和党的工作纵向到底、横向到边，实现了全覆盖。社区党委坚持贴近群众，运用“讲清小道理、解决小问题、开展小活动、树立小典型、化解小纠纷”的“五小工作法”，走进群众，把思想工作做到居民家中，做到群众心坎上。

（二）坚持社区自治以民意为基础，做到民事民提、民事民议、民事民决、民事民办的“四民工作法”，为“村改社区”转型后治理能力提升提供坚实的民主基础和保障

不断完善民主管理、居民自治机制，让群众走上前台，实现“群众的事群众办，群众说了算”。**一是广泛宣传，争取村民支持。**“城中村”综合改造初期，村民的乡土情结、恐慌情绪及借机争利等各种思想纷繁交织，市委、区委、街道工委及原渔业村党支部及时把握苗头，先后召开党员大会16次、村民大会11次，全面、系统地向广大党员、村民讲解“城中村”改造的具体政策、法规和操作程序，并针对在改造过程中出现的某些难点问题，现场解疑释惑，使村民思想认识有了根本转变。**二是尊重民意，让村民全程参与拆迁。**按照“四议两公开”工作法和“一事一议”的工作方式，组织引导群众全过程参与制定《改制总体方案》《关于经济组织改制及资产折股量化方案》《“城中村”综合改造撤销村民委员会组建社区居民委员会实施方案》等一系列“城中村”综合改造配套方案。各类

方案初稿提交全村党员大会和村民代表大会审议通过后，再逐户上门征求意见，每户村民签字同意后，方可正式执行。**三是多方联动，健全社区共建自治体系。**“村改社区”后，积极探索建立社区党组织、社区居委会、集团公司、物业公司、业主委员会多方联动机制，凡是涉及居民利益的重要事项，党员大会、股东代表大会首先进行讨论商议，社区党委会负责形成决议，党支部负责协调各方面力量抓好贯彻落实，形成各司其职、各负其责的工作合力。社区还支持居民群众成立 41 个类型各异的社区民间协会，参与社区事务管理，最大限度地保证群众的知情权、参与权、监督权、决策权。**四是探索“五五方略”，健全自治体系。**社区党委结合实际探索出社区治理“五五方略”，即“五微”开局：微心愿、微公约、微团队、微项目、微公益；“五书”引路：协议书、委托书、自管书、购买书、承诺书；“五化”推动：专业化、规范化、网络化、职能化、社会化；“五制”深化：多元议事制、志愿服务制、三社联动制、自治发展制、社工激励制；“五金”保障：购买服务金、阵地建设金、项目扶持金、志愿服务金、信息建设金。如，通过社区党委引导居委会、业主委员会、物业公司“三方联动”，协调社区居民自发订立“江欣苑社区公约”，围绕公共环境维护、小区停车、宠物管理、绿化认养等制定“微公约”，“社区的事居民自己说了算”的理念深入人心，社区环境大为改善，治理水平进一步提高。**五是鼓励居民参与社区治理。**引导居民成立戏曲协会、阅读协会、乒羽协会、非遗传承保护协会、武术协会、书法协会、“赛家风”公益联盟、“时间在这里”爱心俱乐部等 41 个“微团队”并签订自管书 15 份，建立“寒暑假托管班”“妇女手工技艺培训”等“微项目”11 项，开展“尊师敬老团年宴”“身边好人评选”等“微公益”活动 20 次，围绕公共环境维护、小区停车、宠物管理、绿化认养等制定“微公约”11 个。采取“六点晨步工作法”走访联系等方式，收集居民自治建议 600 多条，拟定民主议事事项100多项。社区设居民代表51人，每月、每季度、每半年都开展居民评议议事。社区制定了一套居民幸福指数评价指标，通过居民幸福指数和居民心愿及时纠正社区工作的不足，做到“年头向居民承诺、年中由居民督办、年末由居民测评”。

（三）坚持社区自治以集体产业为支撑，让群众真正从产业中受益，靠发展增收，靠产业致富，为“村改社区”转型后治理体系建构和治理能力提升提供强有力的经济保障和支撑

坚持将壮大集体实力、促进居民致富作为党建工作的重要任务来抓，以党建促发展，以发展惠民生。**一是资产处置阳光透明**。改造前，集体资产处置、村民股民界定等决策，由全部村民集体表决，通过后予以公示；改造后，集团公司重大决策、资金使用、土地征用、招商引资、股份分红等情况，定期通报，接受监督。**二是股份改造量化平等**。对原村集体经济进行股份制改造，按照6：4的比例进行分配，60%的资产作为股份，量化到所有年满18岁的村民，40%的资产由集团公司持有（20%的资产用于为“村改社区”的原村民购买养老保险，20%的资产用于引进人才备用股份和集团公司再分配的预留股份）。**三是产业发展滚动高效**。先后成立武汉龙洲置业有限公司、武汉龙洲物业管理有限公司、武汉江龙国博文化传媒公司、武汉高龙城投资管理有限公司、武汉江腾经贸集团有限公司等公司；承接了武汉国际博览中心46万平方米综合物业服务，连续三年自主举办“武汉国际时尚博览会”，参展人数近百万人；在社区建成全国首个非物质文化遗产保护传承园、高龙文化博物馆和汉绣博物馆，成功申报国家级非物质文化遗产生产性保护示范基地和国家AAA级旅游景区，年接待国内外游客40多万人次，形成了一条独具特色的高龙文化产业链。**四是推动居民创业就业**。建立创业就业培训基地，开办电脑技能、

家政服务、园林绿化、非遗技艺等培训班，通过集团公司吸纳一批、对外输送一批、自主创业一批等方式，帮助 2000 余人再就业，率先在汉阳区建成无“零就业”家庭社区。

（四）坚持社区自治以公共服务供给为内容，让居民就业有岗位、生活有保障、精神有慰藉，为“村改社区”转型后人的城市化提供周到的公共服务、就业支持和社会保障

社区党组织成立后，及时将工作重心由原来的主要负责集体经济发展转移到服务居民群众上来，构建起“社区—楼道—家庭”服务工作网络，使居民不出社区就能享受到多种服务。**一是综合服务“一站式”**。新建总面积达 4700 平方米的党员群众服务中心，按照党务、居务、服务、商务、事务“五务合一”的要求，将劳动保障、就业指导、帮扶救助、矛盾调处、医疗卫生、家政服务等 17 项功能要素全部整合进中心，打造社区综合性服务平台，做到“敞开一扇门、承办万家事”。**二是便民服务“零距离”**。推行 24 小时“民情通”热线和便民服务上门机制，创设“阳光家园”“居家养老”等服务项目，打造“5 分钟便民服务圈”，保证购物、缴纳水电费、看病就医、托老托幼等基本生活所需不出社区就能实现。**三是关爱服务“全方位”**。一次性拿出 2000 多万元为每位股民办理社保、养老保险和医疗保险，积极开展党员带动就业、带动创业、带动致富“三带”活动，无偿提供全体股民子女从高中到大学、硕士、博士的学费，逐年提高年终分红、生活补助、教育奖励、就业培训等各种福利待遇，真正使居民群众学有所教、老有所养、病有所医、住有所居、困有所帮。**四是志愿服务“暖人心”**。组织社区 800 多名志愿者，组建党员拐杖队、党员陪聊队、党员家政队、党员清洗队、党员维修队和党员故事队等数十支志愿者队伍，“进千家门、知千家情、管千家事、暖千家心”，成为社区居民群众“贴心贴肝”的依

靠。**五是特色服务“七彩化”**。在每个楼栋单元道口设置“七色信息牌”，按照居民年龄、性别、是否有单身青年、有无孕妇、是否为本地居民、是否为党员、是否为空巢老人等7项标准，分别用红、橙、黄、绿、橘、蓝、紫7种颜色的图像标注为7个类别，分类编印7套服务指导手册。社区干部群众根据“七色信息牌”提供的信息，参照指导手册，有重点、有针对性地进行管理和定向服务。

（五）坚持德化工程，以文化引领，让居民精神充实，为“村改社区”转型后居民城市化文化认同、价值认同、归宿认同提供源源不断的精神滋润和文化给养

一是坚持红色文化传播，讲好新时代故事。把文化建设渗透到党建工作的全过程，通过先进文化的浸透和熏陶，使居民在潜移默化中实现向市民的转变。社区处处可见红色文化长廊、红色文化楼道、红色文化空间，《社区之歌》《江欣苑故事》《社区报》早已进栋入户，居民群众更是纷纷加入到党的十九大精神行动队，通过“三句半”、说唱快板等文艺形式，创作了《党的十九大惠民三句半》《红色引擎工程赞》等一批通俗易懂的文艺作品并在居民群众间广泛宣传，丰富了居民群众业余生活，提升了其思想境界，弘扬了以社会主义核心价值观为引领的“红色文化”，时刻引领居民群众听党话、永远跟党走。**二是文化育人，提升综合素质**。围绕提升“村改社区”居民素质，开办市民学校，开展社区公德、职业道德、家庭美德教育，以及劳动力转移培训、职业技能培训、实用技术培训，转变居民生活观念，提高居民就业能力；设计打造以敬老爱幼、邻里和谐、环保文明等为主题的楼道文化走廊，陶冶居民情操，提升居民素质；建立“两型”[1]文化走廊，为128个社区单位统一配置“两型”生活，培育文

① “两型”指资源节约型、环境友好型。

明行为。**三是推进德治，以公德引领社区良好风气**。社区高度重视德治建设，每年都会组织开展“身边好人评选”，评选出“最美公公”“最美婆婆”“最美媳妇”“最美丈夫”“最美邻居”等“身边好人”，建立“好人墙”，让身边的人影响身边的事，身边的事影响身边的人。**四是丰富活动，以增强居民认同**。成立乒羽协会、高龙表演艺术团、农民秧歌舞协会、社区老年艺术团等 41 个群众性文娱活动团体，不间断组织开展形式多样、丰富多彩的文体活动，让每个居民都参与进来、融合进来，找到自己的乐趣。居民与居民之间、居民与党组织之间，从陌生到熟识，从熟识到理解，从理解到支持，彼此之间的认同感逐步增强，对社区的归属感日益加深。**五是突出特色彰显魅力**。以打造国家级非物质文化遗产——高龙为契机，充分挖掘其文化内涵，提炼形成“高龙精神”，并依托“高龙”品牌引入 54 项非遗项目进社区，建成全国首个 1.2 万平方米的非物质文化遗产生产性保护传承园和高龙文化博物馆，形成了一条独具特色的高龙文化产业链。近年来，江欣苑社区高龙表演艺术团先后赴韩国以及我国北京、上海、台湾等地交流、会演，产生了广泛的社会影响，成为武汉一张新的亮丽名片。

（六）坚持法治思维，持续供给普惠性、便享性公共法律服务，以法治的方式解决社会矛盾，通过发生在身边的民事案件教育广大社区居民，通过公开审判进行法治教育

第一，多种途径加强法律宣传工作。社区结合“红色引擎”工程，发展吸纳“红色物业”进入社区管理体系，将“红色物业”的保洁员、安保员、收费员、维修员等力量沉入网格，协助社区化解居民矛盾。将普法工作纳入网格员的工作职责，加强网格员的普法工作培训，让网格员提高法律知识，并引导网格员与居民面对面、心贴心地进行宣传交流，做群众信赖的普法“宣传大使”。同时在春节、国庆节等重点时段，在社区广

场、建设银行等重点区域，针对法律知识相对缺乏的中老年居民等重点群体开展普法宣传教育活动，增强居民法律意识。通过微信、QQ 群等方式组织社区居民接收“普法微信公众号”“掌上汉阳”等微信公众号推介报道，在社区人员密集区域投放宣传广告，张贴宣传海报等；协调银行、超市、门店等 50 多个网点的 LED 屏滚动播放普法宣传语。**第二，依托巡回法庭和政法干部开展普法教育。**在汉阳区法院的帮助下，江堤乡法庭于 2013 年在江欣苑社区设立了巡回法庭，将涉及社区内的家事案件在社区内公开开庭，并且在每周的星期四派一名法官到社区开展法律咨询服务。江欣苑社区利用汉阳区开展“万名警察进社区”“政法干部进社区”等活动的机会，清理了社区僵尸车，整治了流浪犬，开展了免费法律咨询和讲座，化解了居民矛盾等，真正让各方力量都参与进来、融合进来，找到自己的位置，都有用武之地。**第三，设置社区律师工作间，将法律服务送到身边。**借助政府购买服务的社区律师，利用社区律师“周四有约”品牌，在社区党员群众服务中心开辟了服务空间，设置社区法律顾问服务牌，链接律师事务所的律师参与纠纷调解，为社区居民提供法律咨询、开展法制宣传、提供法律援助等。

三、启示与思考

（一）坚持党组织的领导核心地位，充分发挥党组织的“主心骨”作用

城中村改造打破了农村固有的利益格局，改变了农民多年的生产生活方式，需要党组织充分发挥领导核心作用，统揽全局，协调各方利益和矛盾。同时，农民“失地、失业、失收”后，对未来生活缺乏信心，普遍

存在着失落、焦虑、困惑等心态，需要党组织发挥“主心骨”作用，成为居民群众生产生活和心理上的依靠。在城乡社区治理过程中，只有通过推动党组织下沉和网格化管理，实现党的组织和党的工作全覆盖，把分散的群众有效地组织和团结起来，才能有力保障群众利益和稳定社会大局。

（二）发掘并培育“社区芯”，打造社区班子，带动党员干部发挥“主力军”的作用

村看村，户看户，群众看的是干部。做好城乡社区治理工作，必须依靠一支有活力、能战斗、讲奉献的骨干队伍。江欣苑社区之所以能在较短时间内完成“村改社区”的转型，其中最关键的秘诀就是有一支以社区党委书记为“社区芯”的党员骨干团队，“红色细胞”充分发挥了示范、带动作用。多年来，社区党委带领全体党员，怀着对群众的满腔热情，通过发挥带头作用，深入走访动员，积极化解矛盾，专心致志做好服务，将群众团结在党的周围，形成了拥有 868 名骨干的队伍。共同铸就和谐幸福社区大厦的良好局面。

（三）充分依靠和发动群众，激发社区居民的自治意识、培育社区居民的自治能力

从“农村”到“社区”的综合改造，不只是更换一个牌子，简单改变农民身份，而是一项夹杂着错综复杂社会矛盾的系统工程，也对党组织协调利益关系、维护社会稳定、做好群众工作提出了新的要求。江欣苑社区始终坚持“一切为了群众，一切造福群众”的原则，社区所有重大事项全部实行村民表决；开通“民情直通车”“书记直通车”，健全共建自治体系，实行党务、居务、事务公开制度。同时，充分利用社区党群服务中心这一“红色阵地”，提供全方位、多形式的社区服务，提升居民群众参

与度和归属感，做好“村改社区”的群众工作。成立 41 个民间自治组织，发挥村民们的自主意识和热情，通过 41 个组织协调解决社区内的公共事务，化解公共问题。

（四）保证社区可持续健康发展，牢牢把握资产处置和产业发展的“主导权”

城中村改造过程中，原有村级集体资产的处置成为“村改社区”能否可持续发展的关键。一些地方只顾眼前利益，“吃前人的饭，端后人的碗”，导致村民“失地、失业、失收”，村民的生计和利益无法得到持久保证。江欣苑社区从转型初期就着眼于保障农民的长远利益，顶住重重压力，对集体资产进行股份制改造，让村民每年有分红、生活有保障，避免了“村民变股民，股民变灾民”困境的出现，保证了“社企共建、相融共生”社区的可持续发展。

从江欣苑社区的经验可以看出，在社区转型、发展过程中，发挥社区党组织在治理环节的主体性、主动性和积极性，坚持党在自治、德治、法治领域的引领作用，有效推动了社区治理现代化的进程。在发挥社区党组织带头作用的同时，也需要更深入地肯定和发挥居民主体作用。通过社区党组织积极链接专业资源、整合专业资源，在社区居民中普法、带动居民学法、保证居民用法，在德治的同时促进法治作用的发挥。通过法治途径，保障居民政治权利、社会权利、发展权利，对居民的社会权益和社会责任进行有效融合，促进社区治理现代化。

扶贫产业的产权关系现状及对策调查报告[①]

——以武汉市新洲区3个扶贫产业基地为例

产业扶贫是精准扶贫的“重头戏”，是如期实现脱贫目标的重要举措。新时代我国在产业扶贫中取得了重大成果，同时还面临着一些困难和挑战，其中由于中央和地方各级政府对扶贫产业大量的财政投入所形成的资产的产权问题日益突出。2020 年 12 月 16 日，《中共中央 国务院关于实现巩固拓展脱贫攻坚成果同乡村振兴有效衔接的意见》中明确提出“分类摸清各类扶贫项目形成的资产底数。公益性资产要落实管护主体，明确管护责任。经营性资产要明晰产权关系，防止资产流失和被侵占，资产收益重点用于项目运行管理、巩固拓展脱贫攻坚成果、村级公益事业等。确权到农户或其他经营主体的扶贫资产，依法维护其财产权利，由其自主管理和运营。”

在此形势下，对我国扶贫产业推进过程中由国家财政投入所形成的相关资产的产权问题进行调查研究十分必要。基于此，2019—2021 年，笔者课题组以扶贫产业发展比较好的武汉市为例，通过社会学田野调查和从扶贫部门、企业收集正式数据的方法，紧紧围绕“产权”这一议题，研

① 本调研报告成稿于 2021 年。

究武汉市扶贫产业发展过程中各相关主体之间的产权关系状况、问题，并从完善产权关系、促进扶贫产业发展的角度提出对策建议，从而促使扶贫产业在全面推进乡村振兴战略中发挥持续作用。

一、调研设计与组织实施

（一）调研目的

本次调研主要厘清当地扶贫产业各相关主体之间产权关系的现状、运作经验和各主体之间在产权关系上可能存在的问题；分析扶贫产业各主体之间在产权关系上面临问题的成因；进而从完善产权关系、促进扶贫产业发展的角度提出对策建议，促使扶贫产业在我国全面推进乡村振兴战略中发挥持续性的作用。

（二）调研实施

从 2019 年 8 月到 2021 年 3 月，笔者课题组在武汉市新洲区 L 街道和 S 街道[①]开展社会调查研究。采取的方法主要包括统计数据收集、半结构式访谈法以及人类学的参与式观察法。其中主要约谈受访人员 13 人，在 L 街道产业扶贫基地开展参与式观察 14 天。

（三）基本概念与主要内容

本次调研中，“扶贫产业”是指为帮助贫困人口或地区实现脱贫致富，由多主体建设的相关经济产业，通过多种途径帮助贫困人口或地区实现脱贫目标，并享受国家扶贫政策的产业。扶贫产业的主体主要是村民、村集体和企业。

---

① 本报告对所涉及的地名、人名进行了匿名化处理。

本次调研中，“产权关系”是指农村土地流转的6种模式，即农村土地互换模式、农村土地出租模式、农村土地股份合作模式、农村土地入股模式、农村土地转包模式、宅基地换住房与承包地换社保模式。本次调研的产权关系内容包括以下3个方面：①农村土地出租模式；②“农村土地出租＋基建收息”模式；③农村土地入股模式。

（四）调研对象与访谈提纲

本次调查研究访谈资料收集和分析的基本单位是个人和集体，因此，本次调查研究的访谈提纲也分为个人访谈提纲和集体访谈提纲。

个人调查研究访谈提纲的对象是：武汉市新洲区L街道和S街道扶贫产业相关人员。

为深入分析扶贫产业不同主体在扶贫产业中的不同产权关系，本次调研选定了4个不同群体，即政府部门、村民自治组织、驻村扶贫工作队和企业。

政府部门的访谈提纲主要针对街道总体上的扶贫产业发展情况、面临的挑战和未来规划以及扶贫产业相关政策、资金及产权关系情况等。村民自治组织的访谈提纲主要针对村扶贫产业发展情况、面临的挑战和未来规划，村集体在扶贫产业中发挥的作用及在产权关系中扮演的角色。驻村扶贫工作队的访谈提纲主要针对其对村集体扶贫产业的了解情况，在扶贫产业中发挥作用情况及对扶贫产业主体间产权关系的理解。企业的访谈提纲主要针对企业发展情况、面临的挑战和未来规划，对扶贫政策及资金使用情况及扶贫产业中对产权关系的理解等。

（五）访谈方案及实施结果

本次调研采用实地访谈方法进行资料收集。访谈设计遵循科学、高效和可操作性原则，在“目的性抽样”原则的基础上，通过“滚雪球”的抽样方法，在武汉市新洲区联系 L 街道、S 街道辖区内的 13 位扶贫产业相关人员作为主要访谈对象，对其分别展开半结构式访谈。13 位访谈对象分别来自 10 个不同的单位，其中有 L 街道扶贫办主任、S 街道农业服务中心主任、武汉市税务局驻村工作组人员 2 人、湖北省驻村工作组 1 人、L 街道 W 村党支部书记兼主任、武汉市牛山种植专业合作社负责人、武汉中扬农业科技有限公司负责人、武汉宋桃农业科技发展有限公司负责人 2 人、新洲区区委办工作人员 1 人、S 街道 G 村党支部书记兼主任、L 街道 W 村前任党支部书记兼主任。

访谈过程中，每位访谈对象根据访谈问题，结合自身实际工作和认识情况，对扶贫产业主体间的产权关系进行深入讲述和评价。通过对比不同职位、扮演不同社会角色的访谈对象如何认识扶贫产业主体间产权关系，归纳出扶贫产业主体间产权关系基本情况，以及扶贫产业 3 种产权关系面临的挑战与挑战形成的原因。

二、扶贫产业经营模式的基本状况

（一）农村土地出租模式

农村土地出租是指农户签订租赁合同，将其所承包的全部或部分农村土地租赁给农业生产大户、农业产业化龙头企业或合作社从事农业生产。农村土地出租不改变农村土地承包关系，原来承包土地的农户继续按照原有的土地承包合同履行其义务，享受其权利。土地租赁方按照租赁合同的约定对土地承包方履行按期支付租金并不得改变农村土地用途的义务，可以采取现金或者实物的方式按年度支付租金。农村土地出租模式主要有农业公司租赁型、农业大户租赁型及农村反租倒包型等。

新洲区 L 街道 W 村的牛头山白茶基地作为村集体产业，整个土地流转程序是：由村民流转到村集体，再从村集体流转到企业。在扶贫产业建设的最初 3 年，主要是村集体自身实施管理、生产和销售，3 年之后，由村集体直接将土地承包给企业，企业支付村民土地流转费，同时每年支付村集体 10 万元。企业的营收情况和村集体及村民没有关系。

在这样的土地出租模式下，村民可以得到土地流转费，平时可以进入茶园企业参与除草、施肥、杀虫和采摘、包装等工作，赚取劳务报酬，通过这两种方式，村民可以获取经济利益；村集体通过流转村民土地，再二次流转给企业，同时在企业发展过程中，帮助企业争取扶贫政策扶持，协助企业发展生产、扩充市场等，以此每年获取 10 万元收益；企业从村集体流转得到村民的土地，获取村集体的协助和政策扶持，同时企业需要支付村民土地流转费、支付村集体 10 万元固定费用（图 1）。

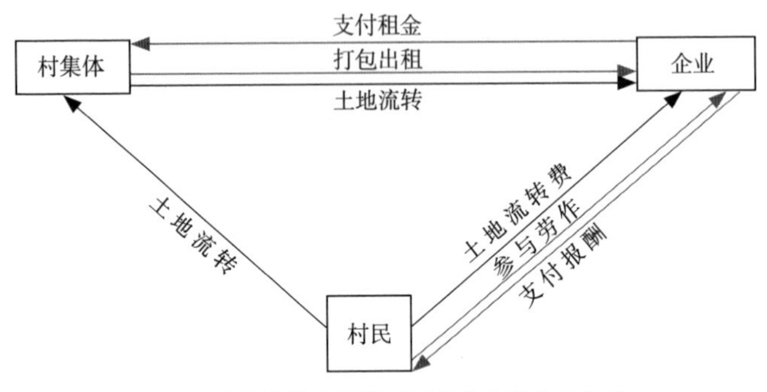

图 1　农村土地出租模式下的主体间产权关系

（二）“农村土地出租＋基建收息”模式

农村土地出租模式前文已述，由农户签订租赁合同，将其所承包的全部或部分农村土地租赁给农业生产大户、农业产业化龙头企业或合作社从事农业生产，农户继续享受其土地承包权利；基建收租模式是指村集体通过国家产业扶贫政策，使用国家专项扶贫资金，推动村集体扶贫产业的基础设施建设，再通过引入企业参与扶贫开发，将相关基础设施建设连同土地一起流转给企业，村集体与企业签订合同，企业每年按合同规定年限支付租用村集体基础设施的费用，在年限中的最后一年企业需要支付整个基础设施建设投资费用。

调研中发现新洲区 S 街道 G 村、Z 村和 Q 村的瓜蒌生产基地采用了两种土地流转方式：一种是村民直接将土地流转给企业；另一种是村民将土地流转给村集体，村集体再流转给企业。前一种土地流转方式只有土地使用合同，没有土地承包证件；第二种土地流转方式既有土地使用合同，也有土地承包证件，同时村集体每年对企业收取基础设施租用费用，即基建收息。

村集体与企业签订土地流转合同，村里使用扶贫款 58 万元建设基础设施，企业每年支付村集体基础设施租用费 10 万元，到合同履行的第 5 年，除了这一年的 10 万元基础设施租用费，企业需要一次性支付给村集体基础设施建设资金 58 万元。此外，合同履行结束后，企业直接按每亩土地“500 元 +100 元”的方式支付土地流转费给村集体，村集体支付土地流转费给村民，剩余的资金作为村集体收入。村民通过土地流转费以及进入瓜蒌种植企业从事劳动赚取劳动报酬。企业获取所需大片土地和基础设施建设以及政策、资金扶持，实现自身发展，其 2019 年盈利达 300 余万元，自身支出主要是支付给村集体的费用、村民土地流转费和生产费用（图 2）。

（三）农村土地入股模式

农村土地入股是指村集体经济组织的承包户为了发展规模农业，提

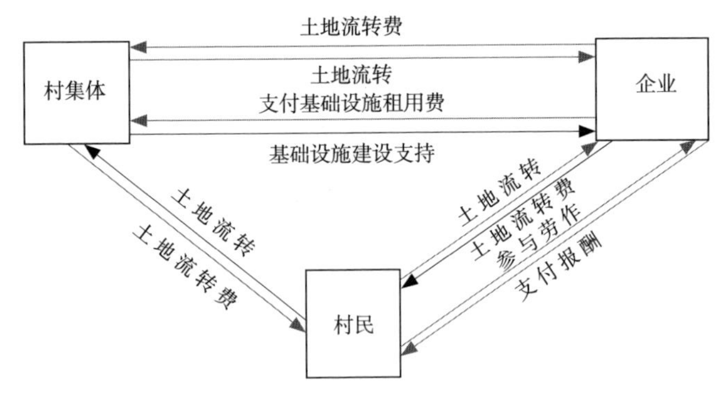

图 2　“农村土地出租 + 基建收息”模式下的主体间产权关系

高农业生产效益，将农村土地承包经营权折算为股权，自愿走农业产业化发展道路，实现农业生产合作，以土地承包权入股组成股份有限公司或者农业生产合作社，实现农业产业化经营。

新洲区 S 街道宋桃种植基地的土地流转模式是由村民流转到村集体，再由村集体流转到企业，土地流转费用直接由企业支付给村民；另一方面，村集体通过产业扶贫政策和资金扶持，建设桃园灌溉系统、排水系统、道路等基础设施，以相关的基础设施入股企业享受分红。

村集体通过处理土地流转问题以及用相关基础设施入股企业，占比 49%，不参与企业组织、管理和生产，每年享受企业分红；村民通过土地流转费和参与企业劳动获取经济利益；企业股份占比 51%，主要负责日常组织、管理、生产和销售，2018 年盈利 300 余万元，2019 年盈利 3800 万元，2020 年盈利略有下降，但仍然达到了 2900 万元，已经成长为集生产、加工、销售为一体的全链条大型农业企业（图 3）。

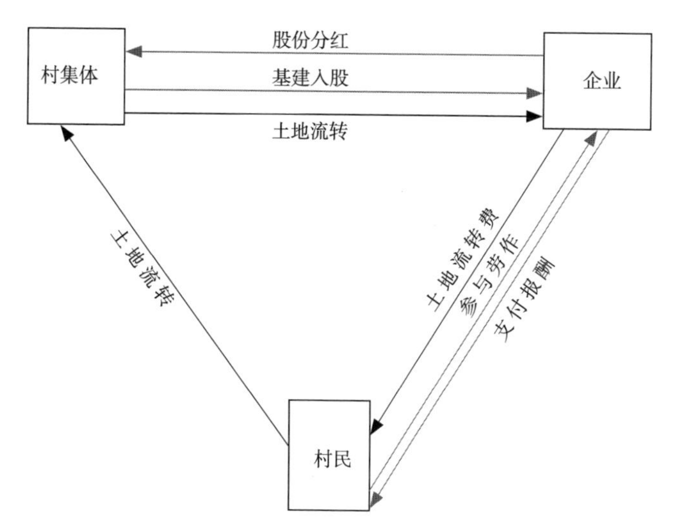

图 3　农村土地入股模式下的主体间产权关系

三、三权分置下的农户、村集体、企业主体间的产权关系

（一）村集体的土地所有权

集体土地所有权是集体所有权的一种，在我国是指以地域界定的一定范围的集体——主要是村，也可能是村民小组或乡镇——对集体土地所享有的占有、支配、使用、收益及处分的权利。集体土地所有权是在新中国成立之后逐步发展形成的。1956 年，伴随着社会主义改造，中国掀起了农业合作化高潮，农民成为拥有土地所有权的合作社成员。党的十八届三中全会审议通过的《中共中央关于全面深化改革若干重大问题的决定》中提出“在符合规划和用途管制前提下，允许农村集体经营性建设用地出让、租赁、入股，实行与国有土地同等入市、同权同价”。

在此次调研的 L 街道和 S 街道下属的村庄，集体建设用地既可由村集体成员开发使用，也可 流转给村集体之外的企业或组织，以及村集体以土地使用权作价入股、采取联营等方式与村集体之外的组织或企业兴办企业。农户将土地流转给村集体，村集体再将土地流转给企业或其他组织，村集体在土地流转过程中获得企业相应的土地租用费用、基建租用费用或者股份分红。

（二）农户的土地承包权

土地承包权分主体和客体两部分，该项权利的权利主体为公民或集体，权利客体为集体所有土地或国家所有由全民所有制单位或集体所有制单位使用的国有土地。在本次调研中，土地承包权的权利主体是村民，客体是农村农业用地，土地承包权的特征：一是承包权的标的，是集体所有或国家所有的土地或森林、山岭、草原、荒地、滩涂、水面，而不是其他财产；村民承包权的标的是农村农业土地，不是其他财产。二是承包人并不取得承包土地或其他生产资料的全部收益的所有权，而是要依约定数额将一部分收益交付于发包人，其余的收益归承包人所有。三是承包权是有一定期限的权利，耕地的承包期限为 30 年。白茶基地、瓜蒌生产基地和宋桃种植基地签订的土地流转合同到期时间均为 2028 年。四是承包权是为种植业、林业、畜牧业、渔业生产或其他生产经营项目而承包、使用、收益集体所有或国家所有的土地等生产资料的权利。L 街道 W 村牛头山白茶基地、S 街道瓜蒌生产基地和宋桃种植基地都是种植业。

农村土地流转过程中，事实上农民的土地承包权没有发生改变，而是其土地经营权直接流转到企业或者先流转到村集体再流转到企业。这样，农户的土地承包经营权在土地流转之后就变成了土地承包权。

（三）企业的经营权

个人或组织在获取村民的土地承包权能后实现了自身土地经营权的

目标，在土地承包权集中后可有效实现企业的规模化经营，所以企业的经营权是从“农村土地承包经营权”中分离出的一项权能，即承包农户将其承包土地流转出去，由其他组织或者个人经营，其他组织或者个人取得土地经营权。

从法律制度的角度看，“三权分置”本质就是确定在不改变土地公有制的基本经济制度前提下，在土地上分离出一个更加符合市场交易要求的“私权”，即“土地经营权”。新洲区L街道W村的牛头山白茶基地、S街道的瓜蒌生产基地以及宋桃种植基地，作为3个不同的企业主体，在农村土地流转过程中都实现了对土地经营权的享有。同样，在土地流转中，村民们以土地承包权换取经济收益，在事实上产生了依附于企业的社会关系。而村集体在这个过程中因为脱贫任务更需要企业享有土地经营权，以实现村集体脱贫和村集体资产的增长。故而，企业在享受土地经营权时，村民和村集体与企业是依附关系，三方的利益是一致的。

（四）“三权”之间的关系

事实上，从土地流转的角度来说，农村土地流转过程，就是集体土地的所有权进入村民的手中变成承包权，再流转到土地经营方手中，这里用专业的词语来归纳经营方手中的土地权能，即“土地经营权”。在以往的“两权分置”下，土地所有权和土地承包经营权其实并不具备自由流转的物权属性。但随后的“三权分置”体制实现了村集体、承包农户、新型经营主体对土地权利的共享。

在土地承包权流转到土地经营权过程中，土地承包权实现集中，由个体或组织行使土地经营权，在“三权分置”体制下，村集体的土地所有权没有发生改变，依旧坚持我国土地公有制基本经济制度不动摇；村民的土地承包权依旧是归属于村民自身，只是在市场化过程中，村民将自身的土地承包权作为一种流通物资换取经济利益，即获取土地流转费；拥有土地经营权的个人或组织用租赁的形式将村民手中的土地承包权集中到自己手中，这是个人或组织实现自身利益获取的方式和手段。

新洲区L街道的牛头山白茶基地、S街道的瓜蒌生产基地和宋桃种植基地都实行“三权分置”体制，将村集体“土地所有权”、村民“土地承包权”和企业“土地经营权”分置，实现农村土地流转，让各方换取符合自身的利益。

可以发现，“三权”在农村土地流转过程中实现合作互利，但是“三权”依旧是三方归属，合作并不影响“三权”的独立性。总体来说，农村土地所有权、承包权和经营权相互独立又互为依赖，如此，村集体的土地所有权、村民的土地承包权和企业的土地经营权三方达到了动态平衡，才能够实现扶贫产业主体间产权关系的共赢。

四、3种产权关系的主要积极作用

土地所有权、承包权、经营权“三权”分置，是新时期农村土地产权制度改革的基本方向。农村土地仍归集体所有，在保留农民原有土地承包权的基础上，将土地承包的经营权流转到擅长经营的企业手中，这种方式不仅提高了土地的流转面积和配置效率，更有利于农村产业结构的优化调整，促进现代农业的可持续发展。新洲区L街道的土地出租、S街道的“土地出租+基建收息”以及土地入股3种土地流转模式相较于以往单一的承包责任制，大大提高了该地区农村土地资源的利用效率，激发了土地的内生动力与活力，在发展生产的同时又能确保“农地农用”，保护了农民对土地拥有的合法权益，也更贴近村民从事农业生产或非农业生产的实际需要，在流转对象中也可达成一种“相对平衡”的状态。土地出租、

“土地出租＋基建收息”以及土地入股3种产权关系的积极作用具体表现在村民、村集体、企业三方的利益上。

（一）村民收入增加，经济来源多样化

不管是精准扶贫，还是乡村振兴，最终目的都是让农民过上更加美好的幸福生活。实践证明，农村土地是农民的主要财产形式，有效的土地流转在很大程度上可以提高农民收入。调研发现，新洲区L街道W村的土地流转模式是村民—村集体—企业。而S街道有69个村落，是新洲区行政村最多的街道，其土地流转模式更复杂一些。《中华人民共和国民法典》第三百三十九条规定“土地承包经营权人可以自主决定依法采取出租、入股或者其他方式向他人流转土地经营权”。依照此规定，S街道的村委会积极发挥协调功能，组织农户们将土地承包经营权量化为股权，自愿组成股份有限公司或农业生产合作社，从而实现产业化经营。土地流转采用“土地出租＋基建收息”或入股的方式，弥补了简单的家庭联产承包责任制中农民对土地“碎片化经营”时显现的不足与问题。村民们的收入增加，土地流转费这一经济来源也不仅是单一地“靠土吃土”，还扩展到承包土地直接经营的收益、将土地流转给村集体或企业的收益、家门口直接“务工”的工资收益等。

（二）村集体经济增长水平提高，荒芜土地利用率上升

新洲区地理位置优越，西临江汉平原，东与丘陵接壤，原有耕地面积2036亩（1亩≈667平方米），土地资源肥沃。但是调查发现L街道W村和S街道村里的青壮年劳动力大多外出务工，“空心村”现象较为普遍，只有无劳动能力或部分劳动能力的老人、妇女、儿童留守在家，他们没有能力将自家土地完全利用起来，导致大面积土地资源闲置或无人

问津，土地“撂荒”问题越来越突出。W 村将土地以出租或入股的方式流转到村集体或企业手中，把闲置的荒芜土地集中给企业经营，村集体年经济收入达 10 万元。农村集体经济组织作为实施主体，可以提高土地的利用效率，避免农地资源浪费，有利于发展适度规模经营的村集体产业，满足村民、村集体以及企业各方对土地资源的需求，赋予土地新的生机与活力，为村集体带来更多的资金、技术和收益，促进农村土地市场化运营，提升当地农业整体效益。

（三）农业企业发展积极性增加

位于 L 街道 W 村的牛头山白茶基地作为当地的特色扶贫产业，自 2016 年起发展至今已成为“种植—管理—采摘—加工—包装”一体化的茶园产地。2019 年扩大茶树种植面积约 60 亩，除绿茶、白茶外还增加了黄金茶种类的种植。牛头山白茶基地不仅享受到国家乡村振兴战略背景下的政策红利，还得到了村集体在扩充市场、发展生产、日常运营等方面的大力协助和扶持。

S 街道 G 村 700 余亩、Z 村 300 余亩土地的瓜蒌生产基地预计再扩建 1300 余亩，成为湖北省最大的瓜蒌籽生产基地，每亩可产约 300 斤瓜蒌籽。瓜蒌生产基地主要利用的是村集体使用国家专项扶贫资金建设扶贫产业基础设施，并以此为基础快速发展壮大企业的生产、销售和加工。

S 街道的宋桃种植基地在原有产业园区的基础上增加了农业设施建设用地，用于扩建农副产品生产基地、车间等，其桃胶产量已达湖北省第一，每年产量有 1/3 出口至欧洲、澳大利亚等地区。宋桃种植基地基于政府针对组建农业股份有限公司或农业生产合作社专门制定的政策优惠，以入股分红形式为村民、村集体及企业自身争取更多利益。

不论是何种产权关系，农业企业都能很快从中获取利益，通过土地流转、规模经营、融合创新、特色发展的新方式新途径，推动企业自身转型升级，助力农业现代化建设。

（四）基层政府主导作用明显

农民是产权的主体，企业是流转对象，基层政权作为国家最底层的土地流转政策执行者，在农民与企业进行土地流转的过程中扮演的是协调沟通者、政策支持者、行政监督者以及农民权益维护者的角色。在村民、村集体、企业三方博弈的过程中，基层政府的主导作用明显，通过具体政策措施明确各主体的权利和义务，维护农民作为弱势群体而应有的利益和诉求，为保护三者拥有相对等公平的话语权而努力，从而实现土地所有权、承包权、经营权“三权分置”的最优平衡。

（五）促进乡村振兴基础建设

产业兴旺、生态宜居、乡风文明、治理有效、生活富裕是乡村振兴的总要求。“三权分置”制度作为乡村振兴战略的重要组成部分，可以有效促进农业、农村、农民三者融合发展，保障农民的主体地位，进一步促进农业农村现代化发展，促进农户与农村产业有机衔接，从而实现现代农业适度规模化的要求。新洲区的扶贫产业经过近几年的快速发展，企业的服务方向和定位已逐渐从精准扶贫转至乡村振兴，农业企业在努力发展壮大经济的同时也注重农村生产设施、生活设施、环境设施的建设。明晰产权关系、推进土地流转、发展扶贫产业是增加农民收入、助力乡村振兴的重要途径。因此，加快农村土地流转有助于推动农村农业集中化和规模化经营，激发农村活力，为全面建成小康社会打下坚实基础，推动建设美丽乡村。

五、3 种产权关系的问题及其形成原因

（一）村民个体议价资格欠缺，经济收入增长率偏低

村民、村集体和企业各自拥有土地的承包权、所有权和经营权，在土地流转的过程中也暴露出了一些社会问题，在村民个体层面上表现为：村民文化水平普遍偏低、法律援助意识薄弱、缺乏对等议价能力等。此外，由于受粮食价格、流转面积、土地年收益、流转期限、土地位置等因素的制约，土地流转费价格普遍较低。L 街道 W 村白茶基地和 S 街道宋桃种植基地的土地流转模式是村民把土地流转给村集体，村集体再流转给企业，企业支付流转费给村民。S 街道 G 村、Z 村和 Q 村的瓜蒌生产基地的土地流转模式有两种：一是村民将土地流转给村集体，村集体再将土地流转给企业，企业将土地流转费支付给村民；二是村民直接将土地流转给企业。村民得到的经济收益只有土地流转费和参与劳作的薪酬，W 村的土地流转费是 150 元/（亩·年），瓜蒌生产基地的土地流转费是 600 元/（亩·年），宋桃种植基地的土地流转费是 400 ～ 600 元/（亩·年），土地流转费普遍偏低。W 村村民参与白茶基地除草、摘茶的工作，摘茶薪酬每斤 25 元，大约每天的薪酬是 60 元，工作时间长、劳动强度大；在瓜蒌生产基地工作的村民，每天薪酬在 60 ～ 300 元不等。少数劳动强度大、技术含量高的工作才能拿到高薪酬，但这些高薪酬工作一般当地文化程度不高的村民难以承担。

（二）扶贫带动效果有限，村集体资产增加有限

从村集体角度分析，村集体经济整体上明显提高，有助于贫困村脱贫，但仍有一部分村民处于贫困状态。在扶贫产业运作和土地流转的过程中，

村民得到的利益只有土地流转费和参与劳作的薪酬，两种费用较低。企业用工采取自愿方式，部分村民不愿参加劳作，部分村民因年龄等问题丧失或部分丧失劳动能力，加之年轻劳动力流失严重，部分村民的收入就只有土地流转费。总体而言，劳作薪酬较低，土地流转费用较低，收入来源单一，村民工作积极性不高，企业容纳村民的岗位数量有限，村民整体收入不高。

另外，目前每个村从扶贫产业的投入和发展中每年最多只获得租赁费10万元，并且绝大部分村远不及10万元，少的仅有3万元。W村白茶基地、S街道瓜蒌生产基地和宋桃种植基地土地流转的合同期限为2028年，由于企业发展自身压力大，除了给村集体租赁费用外，暂时并没有其他费用支付给村集体。

（三）因担心租赁土地回收困难而出现农业设施用地审批过于谨慎

扶贫产业的发展需要朝农业深加工方向发展，不过目前由于担心农业土地后续合同到期后回收环节过于复杂，以及地方需要承担过高的租赁土地回收成本，在农业设施用地的审批上比较谨慎。

瓜蒌基地负责人讲述，已经拿到了市农业农村局签发的扶贫产业基地授牌，地方政府也发布了农业设施用地申请的告知，但由于缺乏具体的实施细则和审批流程，农业设施用地的审批较慢。目前该基地的加工仓库、存储仓库均建设缓慢，一定程度上限制了企业深加工的发展。

（四）扶贫资产登记滞后

武汉市扶贫攻坚领导小组印发的《关于进一步巩固脱贫攻坚质效 构建稳定脱贫长效机制的指导意见》指出，“加大财政投入力度。统筹脱贫攻坚与乡村振兴投入，继续加大财政专项扶贫资金投入，加强扶贫项目库管理，优化项目结构，加大产业扶贫项目比重。完善扶贫小微项目管理制度，鼓励村级自建自营。加强扶贫项目及后续运营监管，发挥已建项目效益。”然而由于缺乏上级的统一要求和农村村集体能力偏弱，资产登记工作滞后。

W 村村干部讲道，扶贫款归经管站管理，但是只有收款记录，没有出款记录，使用扶贫资金所建设的厂房和白茶基地到目前为止没有接到资产登记的通知和要求，由于村一级缺乏专业财务人员，也没有能够对所有的资产进行自我登记，扶贫产业的管理有待进一步加强。

（五）3 个主体共赢体系不完善

村民、村集体、企业 3 个主体在产权关系中暴露出的问题，主要是三方经济利益流通的问题，即 3 个主体共赢体系不完善。在扶贫产业运作过程中，村民手中只有土地承包权这一项资产，而土地流转费受多方因素制约，价格普遍偏低，村民基本没有话语权，利益分配空间有限。村集体、企业、村民三方利益难以平衡。村民得到的利益是土地流转费和参与劳作的薪酬，两项收入较低。W 村白茶基地中，村集体拿到的是将土地承包给企业的租金，瓜蒌生产基地村集体的收益是基建租用费，宋桃种植基地村集体拿到的是入股分红；企业拿到的是企业盈利；村民没有分红。由于村中村民劳动能力弱、文化水平低等原因，村民获得的收益很少。

六、基本结论及对策建议

通过对武汉市新洲区 3 个产业基地在农村土地“三权分置”下村民、村集体、企业主体间的产权关系调查，本报告有如下结论：

随着农村土地“三权分置”改革的不断深入，我国土地流转日益兴盛，武汉市新洲区土地承包经营权多元化特征愈加明显，这不仅带动了村民收入的增加，也使荒芜土地的利用率上升，增加了村集体的收入，潜在地缩小着城乡居民收入差距。土地流转的加速推进，给农业规模化经营创造了机会，在土地经营权进一步分离的条件下，白茶基地、瓜蒌生产基地和宋桃种植基地等企业发挥带头作用，吸引农户开展土地股份合作等规模性经营，促进了乡村企业的积极发展，为乡村振兴提供了基础。

然而，在农村土地“三权分置”的改革下，扶贫产业在运作过程中，村民缺乏土地流转的议价能力，土地流转价格低，扶贫产业由于地理、品牌、销售渠道等制约扩大生产持续发展乏力。

针对以上问题，本报告建议：

1. 以人为本，保障村民基本利益

农民是农村土地承包经营权流转的主体，然而现实中存在越俎代庖的情况，农民的主体地位被取代，常常损害农民在土地承包经营权流转中的决定权和收益权。在调研的几个村庄中调研者发现，村民几乎为留守妇女和老人，知识水平较低、法律知识欠缺、合同意识不强，对企业的经营状况不是很了解，发生纠纷后证据困难，农户在签订农地流转合同过程中对自身利益没有清晰掌握，许多流转细节没有约定清楚，从而增加了农民权益受到损害的风险。为了保障村民的基本利益，地方政府出台了相应政策，保障土地流转农民对于企业种植、经营状况知晓的权利，保证农户能够从土地流转中获得更多收益。但同时要提高农民的法律意识，建立土地承包经营权流转监督机制，明晰村民、村集体和企业之间的产权关系：土地的所有权属于村集体，村民保留土地承包权，可以根据自己的意愿流转土地经营权，明确土地所有权、承包权、经营权分置并行，有利于更好地维护村集体、村民、企业的权益，也有利于促进农村土地资源合理利用。在村集体中要保护村民民主权利，要尊重村民的意愿，发挥村民主体作用，把权力交给村民，涉及村民利益的重要事项实行民主决策，无论是实施的方案还是具体组织实施建立的制度等，都要能维护村民的基本利益。

2. 强化资产登记，保障村庄集体资产

稳步推进并落实《国务院办公厅关于引导农村产权流转交易市场健康发展的意见》和《中共中央 国务院关于稳步推进农村集体产权制度改革的意见》的相关要求，深化农村集体产权制度改革，明晰集体产权关系，盘活集体资产，把集体的经营性资产确权到户，确保农民对集体资产的占有、使用和收益分配的权利，拓宽农民增收的新渠道。

2021 年《中共中央 国务院关于全面推进乡村振兴 加快农业农村现代化的意见》指出，要“完善盘活农村存量建设用地政策，实行负面清单管理，优先保障乡村产业发展、乡村建设用地。”除了传统的种植、养殖以外，S 街道瓜蒌种植配套服务设施属于非农建设用地范畴，原有的用地类型与土地供给方式已逐渐不能适应实际需要，用地审批难，生产设备没有仓库放置，瓜蒌生产企业扩大再生产受到限制。支持乡村产业发展，需要给予一定的建设用地保障，可盘活存量，尽量避免粗放利用、闲置浪费现象的发生，拓展集体建设用地使用方式；其次，需要给予一定新增建设用地指标，保障必要的、急需的产业融合项目及时落地，做好必要的增量。

3. 落实农业用地政策，推动扶贫产业纵深发展

调查显示 L 街道、S 街道的扶贫村庄多为留守妇女和老人，农户自身力量薄弱，发展壮大产业难度较大，因此基层政府应继续大力培育农民专业合作社、龙头企业等新型经营主体，鼓励通过土地流转、土地经营权股份合作等方式，使企业与农户建立稳定的利益联结机制，带动产业和经济发展。用好扶贫相关的政策和激励机制，鼓励企业扩大生产规模，积极参与产业扶贫，引导群众通过进企务工、配股分红、土地流转、联户经营、订单生产等多种形式参与产业扶贫各个环节，不断提高企业扶贫能力，形成利益共享长效机制；加大政府补贴和奖励力度，解决新型农业经营主体

融资难的问题，引导农户与新型经营主体之间形成稳定的土地流转关系。

在利用扶贫政策的同时，扶贫产业须结合当地和自身资源特点，因地制宜，不断摸索总结市场规律，突出主导产业做大做强，并延长产业链，促进一、二、三产业融合发展，拓宽增收渠道，发展经济。武汉市新洲区不同村庄虽根据扶贫政策因地制宜发展扶贫产业，但难以形成规模化经营，企业较为分散，知名度不强。应利用互联网在塑造扶贫产业品牌、产业升级方面的突出作用，在土地流转后，政府可组织同一区域进行同种作物种植、灌溉、收割等，在现有白茶、瓜蒌籽和宋桃已经形成农产品集群的基础上实施品牌化经营；同时在企业引入并培育电商人才，加强企业员工在电商方面的技能培训，创新扶贫产品销售方式，如网络直播带货等。

4. 合作共赢，实现三方利益平衡

《中共中央办公厅　国务院办公厅关于完善农村土地所有权承包权经营权分置办法的意见》提出，“正确处理农民和土地关系这一改革主线，科学界定‘三权’内涵、权利边界及相互关系，逐步建立规范高效的‘三权’运行机制，不断健全归属清晰、权能完整、流转顺畅、保护严格的农村土地产权制度，优化土地资源配置，培育新型经营主体，促进适度规模经营发展，进一步巩固和完善农村基本经营制度，为发展现代农业、增加农民收入、建设社会主义新农村提供坚实保障。”首先要巩固和发展农村土地集体所有制，建立健全集体所有权的行使机制，维护农户在承包土地的发包、收回以及监督等方面的权能，切实保障农户的知情权、监督权和决策权等合法权益。同时维护好广大企业的合法权益，经过承包农户同意，经营主体可以依法依规，改善土壤、提升地力、建设农业生产附属配套设施，还可以经承包农户同意，向村集体备案后再流转给其他主体，或者依法依规进行抵押。流转土地被征收时，企业可以按照合同获得地上的附着物并向农户支付青苗的补偿费。鼓励相关部门落实《中共中央办公厅　国务院办公厅关于完善农村土地所有权承包权经营权分置办法的意见》精神，积极稳妥地推进农村土地“三权分置”改革，促使承包土地的农民、村集体和新型农业生产经营主体等实现利益共赢。

5. 完善制度体系，全面推进乡村振兴

农村土地的大规模经营需要依靠土地流转，因此土地流转是乡村振兴的重要“助推器”。各级政府和有关部门要制定土地流转的相关政策措施，完善相关制度体系，解决实施乡村振兴战略中的土地问题。在调查中发现，武汉市新洲区村庄的土地流转费用每亩每年 100~200 元，与周边区的价格相比是较低的，因此要完善土地流转价格评估机制。由于农村土地存在肥力、位置等的差异，土地流转价格不应一刀切，应建立流转土地信息库，对流转土地评级定可引入第三方评估机构，对流转价格积极评估，保障农民的合法权益。同时健全信息交流机制，由于农民土地流转信息渠道不畅通，土地转出转入双方选择空间小，政府要加强土地流转信息机制建设，着眼于农民的需求，积极为农民土地流转提供信息服务与指导。W 村的第一任白茶基地业主由于经营不善而停止生产，因此完善对企业经营能力的资格审查和评估的市场准入机制是非常必要的，防止流转企业一旦经营上出现失误，给村集体造成损失，减少农民和政府承担的风险。同时要建立规范的土地流转服务平台，严格规范土地流转程序，对农业用地进行明确规范，制定擅自改变农业用地的法律惩罚措施。

新洲区作为武汉市的远城区，要抓住乡村振兴的机遇，把农村土地流转与乡村振兴紧密结合起来，推进土地流转，实现农业农村现代化，从根本上改善农业结构，提高农业生态管理和服务能力，促进乡村全面振兴。

鄂东北山区中越婚姻调研报告①

自1983年湖北省民政部门正式受理涉外婚姻登记始，湖北省涉外婚姻数量不断增多，并以2006年为分界点而呈现不同情况。2006年前，湖北省涉外婚姻中另一方主要来自于欧美等发达国家，当事人双方多是在共同的学习、工作中相识，有至少一种共同语言，相互之间较为了解。2006年后，湖北省涉外婚姻发生了变化，主要体现在：涉外婚姻当事国由欧美发达国家向与我国西南省份毗邻的东南亚发展中国家转变；在人口流动方向上，由男女双向流动变为流入我国的女性数量激增；在婚嫁的基础方面，由男女双方自由恋爱向认识时间短、结婚速度快的中介婚姻转变；在当事双方的经济基础方面，由双方均为社会经济基础较好人员向双方均为社会经济基础较弱人员转变；在婚姻发生地理区位上，经济发展较为落后的贫困山区涉外婚姻发生量激增。以东南亚国家适婚女性嫁入湖北省贫困山区为主要特征的涉外婚姻在缓解湖北省贫困山区“娶妻难”问题的同时，也带来了一系列人口管理、民生服务等难题。

① 本调研报告成稿于2018年。

一、调研过程及概况

越南籍中、青年妇女从 2007 年前后开始进入鄂东北的 D 县、H 县[①]地区，在数量上呈现不断增长的趋势，由于她们嫁于当地的中、青年未婚男子，并生活在当地农村社区之中，因此这一群来自越南的女性被称之为“越南媳妇”。如今，D 县、H 县成为鄂东北“越南媳妇”主要集中地。因此，本研究的主要田野点选择在 H 县与 D 县。

2015 年 7 月 1—7 日，笔者一行人第一次到 H 县、D 县 4 个“越南媳妇”较多的村庄开展“越南媳妇”生活适应状况的社会调研。这些“越南媳妇”数量相对较多的村庄普遍交通区位条件差、人均耕地偏少、经济条件一般。其中，F 村地理位置最差，靠近县城边界，群山环绕，人均耕地面积只有 0.4 亩，人均年经济收入不足 4000 元；经济条件最好的村庄紧邻镇中心位置，非农产业较好，人均耕地面积 0.4 亩，人均年经济收入超过 6000 元。4 个村庄共有“越南媳妇”37 人，调研组对其中 16 人进行了访谈。

2016 年 8 月 2—5 日，笔者及研究团队在湖北省民政厅工作人员的带领下，赴鄂东北开展社会调研，在此过程中研究团队与 H、D 两县的政府办、民政局、公安局出入境管理大队、卫生和计划生育委员会、人力资源和社会保障局、教育局、妇联等部门负责人召开座谈会。在“越南媳妇”较为集中的 H 县 2 个乡镇、D 县 2 个乡镇进行了 4 场共计 22 名“越南媳妇”、10 名涉外婚姻家属、20 名镇村干部参加的座谈会。

2017 年 7 月初，笔者赴 H 县开展“越南媳妇”及其家庭生活的调研。

---

① 本调研报告中出现的地名均做匿名化处理。

二、中越婚姻家庭的基本特点

（一）中越婚姻男方的主要情况

调研中发现，当地中越婚姻中男性结婚年龄整体上大于当地农村男性平均结婚年龄。中越婚姻中男性最大结婚年龄 46 岁（L 村），结婚年龄最小者 28 岁，2015 年、2016 年调研时所统计到的中越婚姻男方平均结婚年龄为 37.5 岁。2015 年调研时所访谈的中越婚姻中的男方全部有过建筑工地工作的经历，且均有过在越南的务工或旅游经历，除 1 人以外，其他人在最近的 1 年内仍有建筑工地务工的经历，调查时仍有 2 人在国外建筑工地工作，还有 1 人在 2 个月后将赴越南从事建筑行业的工作。

中越婚姻中的男方，其家庭条件在当地普遍一般。2015 年调研时所访谈的 16 户中越婚姻家庭存在着原生家庭兄弟数量多，以农业种植为主要经济来源的父母无足够的能力和金钱为其在农村盖新房并支持其迎娶当地女性，或是其母亲或父亲过世较早而导致家庭中劳动力不足。调研中也遇到了 3 个家庭中的兄弟两人的媳妇均为越南人的情况。

（二）中越婚姻女方的主要情况

调研发现，"越南媳妇"的平均结婚年龄大于当地农村女性。调研中"越南媳妇"的最大结婚年龄为40岁，结婚年龄最小者为17岁，中越婚姻中"越南媳妇"结婚时的平均年龄为 29 岁。调研的中越婚姻中男方年龄普遍大于女方，男女双方年龄差最大为 23 岁，最小为 2 岁。

2015 年调研所访谈的 16 名"越南媳妇"中有 9 人曾在越南结婚生子（其中 8 人所生为女孩、1 人所生为男孩）。这 9 人中有 7 人由于未生育男孩而被迫离婚，婚生子女均由女方家庭抚养；1 人在生育 2 个女孩之后丈夫意外去世，而 2 个女孩继续由男方家庭抚养；1 名"越南媳妇"

因丈夫出轨而选择离婚。截至调研时，“越南媳妇”中所生子女最大年龄为17岁，最小者为2岁。16名“越南媳妇”中，1人由于幼年时患病丧失生育能力而未结婚，其他6人均由于家境贫穷、兄弟多、长相普通等原因而没有结过婚。在地域分布上，16名“越南媳妇”中，原居住于越南北部的占75.00%（12人），居住于越南中部的占18.75%（3人），居住于越南南部的占6.25%（1人）。

“越南媳妇”未婚嫁时的原生家境普遍差于在我国婚嫁后的家境，仅两个人原生家境条件好于中国丈夫。由于“越南媳妇”原生家庭经济条件较差，且签证办理较为复杂，极少有“越南媳妇”的父母来中国探望其子女，仅有1人的母亲来中国探亲。“越南媳妇”的父母90%为农民，被访谈的越南媳妇中只有两个人父母为干部。在越南时“越南媳妇”从事农业种植、饲养家禽与家畜工作的占比28%，外出打工的占比45%，经营小买卖的占比19%，从事其他工作的占比8%。

3次调研所访谈的“越南媳妇”中有3人在中国结婚后没有回过越南，其中两人是由于来中国不到一年且已怀孕，故来中国后没有回过越南，另一人由于家境较差而没有回过越南探亲。其他“越南媳妇”均回过越南，一般约两年回越南探亲一次。

（三）“越南媳妇”的签证办理情况

2015年调研时所访谈的16名“越南媳妇”中无人获得中国国籍，来中国之时均为旅游签证，目前在中国均在进行签证注册。另外，她们面临着失去越南国籍的风险（越南规定与外国人通婚、连续10年不在本国居住者国籍取消）。由于2014年之前在越南领取结婚证较为容易，2015年调研时所访谈的16名“越南媳妇”中90%均在越南领取结婚证。从2014年开始，越南婚姻登记部门出台针对越南女性与中国男性领取结婚证事宜的专门附加条件，即需要到越南当地的外事主管部门开具婚姻一方能正常使用对方国家通用语言的证明，并提交男方家庭财产证明、无犯罪记录证明等，因而导致难以通过正常渠道领取越南的结婚证明。

（四）随母入境的越南国籍子女情况

由于大部分“越南媳妇”在来中国之前存在着婚姻事实，并生育了子女，在嫁到中国后她们与尚在越南的子女依然保持情感和经济上的联系。“越南媳妇”中除 1 人由于丈夫反对而没有邮寄钱回国继续供养女儿外，其他 7 名“越南媳妇”均每年邮寄钱回国供养在其父母家生活的女儿。有 2 名“越南媳妇”将前一次婚姻关系中所生子女带到中国居住，并在当地就学或生活。“越南媳妇”在越南离婚后除一例因前夫病逝女儿由奶奶抚养外，婚生子女均由女方父母照看，随着女方父母年龄的增加，将前一婚姻关系中的子女带到中国来成为一个不可忽视的问题。

（五）“越南媳妇”的语言掌握情况

由于“越南媳妇”在越南时的受教育程度较低，笔者所访谈到的“越南媳妇”群体中仅 2 人接受过高中阶段的教育，约一半人接受过初中阶段教育。这一情况也造成了她们在越南时基本上没有掌握汉语和英语，书写能力也较差。“越南媳妇”中并没有人在来到中国之前接受过系统的汉语训练，或参加过当地的汉语培训班。在 2015 年、2016 年调研所访谈的“越南媳妇”中除 2 人因为来到中国时间较长、语言能力较强，她们的汉语水平达到可与当地人正常交流的程度外，其他“越南媳妇”均难以与当地人正常沟通。部分“越南媳妇”在决定来中国之后，在越南时购买《中越日常用语 2000 句》《中越字典》等语言工具进行学习。来到中国后，她们主要通过与丈夫的日常交流学习汉语，另外也会通过观看娱乐节目、同胞之间相互交流等方式学习汉语。由于语言的障碍，她们普遍表示在中国与公婆交流不多。访谈中村干部也表示“越南媳妇”与当地人缺乏有效沟通且沟通较少。

（六）“越南媳妇”的文化适应情况

村民普遍反映“越南媳妇”“胆子比较大”，集中体现在 3 个方面：①骑摩托车大胆。“越南媳妇”每人有一辆摩托车，而且由于“越南媳妇”去镇上或出门多是数人一起，这也形成了数人骑行摩托的景观，这一点明显异于我国女性。②“越南媳妇”普遍能吃苦，中午劳作。绝大部分“越南媳妇”婚后在我国继续从事农业种植，即使在夏季中午仍能够坚持在外劳作而不怕高温。③热爱社交活动。“越南媳妇”之间经常聚餐，集体到镇上和县城逛街购物。另一个文化适应的问题则体现在饮食方面，“越南媳妇”普遍饮食清淡，因此做饭不喜欢放太多油，不习惯吃辣，而喜欢煲汤、煮菜等，这也造成了一家之内出现两种饮食习惯的现象。除此之外，越南女性产后坐月子的时间一般为 3 个月，期间多吃鱼虾等，而鄂东北地区农村女性产后坐月子一般为 1 个月，期间多吃猪肉、鸡肉等，这一不同的习惯在一定程度上导致婆媳关系紧张。

三、涉外婚姻群体及当地政府所面临的困难与原因分析

（一）家庭社会经济水平差，娶妻不易，养家亦难

涉外婚姻家庭属于“剩余弱势群体”的结合，因而存在着家庭经济条件较差的困境，随着结婚后面临抚育下一代的压力，以及“越南媳妇”无法顺利进入劳动力市场，同时越南女性基本不会携带经济支持进入男方

家庭，使得中越婚姻家庭出现了娶妻不易、养家亦难的生存困境。

（二）难以享受社会保障待遇，无法进入劳动力和就业市场

由于发生在贫困山区的涉外婚姻女性难以取得我国国籍，因而在我国无法享受包括医疗、养老、生育保险、社会救助和集体土地等在内的社会保障，也无法进入我国劳动力市场和就业市场。

（三）婚姻抗风险力弱，稳定性存在多重风险

由于中越婚姻中男性多年龄偏大、自身综合素质偏低、社会经济条件较差，并且有着较强的传宗接代的愿望，使得涉外婚姻稳定性遭遇多重风险。“剩余弱势群体”的结合使得涉外婚姻的抗风险能力极弱。由于男性无法提供较好的家庭经济条件，导致“越南媳妇”有着一定的离家、离婚思想，而对生育男孩的期盼也使“越南媳妇”面临较大压力；同时，再婚“越南媳妇”在越南的孩子和家人使得她们有回越南的期待。认识时间短、结婚速度快、双方缺乏有效的沟通和了解，婚后由于语言的障碍，也导致夫妻双方缺乏一定的理解和信任。而买卖婚姻以及骗婚逃婚现象的存在，也使得涉外婚姻的不稳定性较高。据 H 县、D 县公安局出入境管理科的不完全统计，近十年来两县涉外婚姻中逃婚、骗婚人员保守估计有近百人，H 县公安局出入境管理科在 2015—2016 年 7 月这段时间内接到群众涉及越南女性逃婚、骗婚纠纷报警 11 起。

（四）社区融入度低，身份认同面临困境

由于越南女性在来到中国之前较少接受过中文培训，婚后语言掌握程度较差，需要 2~3 年的语言学习期，相似的生活经历、社会处境、生存压力及语言障碍使得“越南媳妇”较少走进当地社区公共空间，更多地

是 10 余位居住相对较近的“越南媳妇”形成一定的生活、劳作小群体。而由于没能够获得中国国籍和户籍，无法与中国公民一样享受同等的社会保障与公共服务，使得她们面临着身份认同困境。

（五）涉外人口管理难度增大，涉外纠纷难以法治化

包括越南适婚女性和越南籍未成年人在内人口的到来和流动具有一定的隐蔽性、随意性，加之尽管在落后地区涉外婚姻现象已发生了近十年，但各地并没有建立起有效的数据收集、上报制度，涉外人口管理落实工作存在不足之处，涉外人口的管理难度增大。特别是涉外人口管理工作涉及外交问题，部分管理工作不适用于地方法律法规，也超出了地方政府和公安部门的管理权限和管理能力，使得涉外纠纷难以法治化。因而尽管以营利为目的的私人中介长时间存在，并曾抓获组织逃婚者，但由于其身份非我国公民，因而地方公安部门无法对其进行有效处理，出现了明知违法而难以处理的困境。

四、对策与建议

（一）统一基础数据上报，建立信息共享平台

建立统一的数据收集原则，丰富全省的涉外婚姻数据平台。收集涉外婚姻女性信息，包括：姓名、身份证、护照、受教育时间、结婚证领取时间、第一次入境时间、生育情况（新生人口性别、胎数与出生时间）、所属乡镇及社区、入境事由，以及涉外婚姻男性信息，如姓名、身份证、婚姻状况、生育情况等，为涉外婚姻和外来人口的管理、服务工作奠定基础。

（二）加强初次入境和反复入境的管理工作

通过村民小组、村委会、乡政府和县公安局 4 级联动，及时掌握外来人口的首次入境情况，及时宣讲我国对于外国人口入境、居住及婚姻政策，收集包括护照、身份证、电子照片、指纹等在内的重要基础信息，建立初次入境和反复入境人员的信用和安全度数据库，做好预警工作。

（三）建立公民身份确认机制和落实办法，实现公民待遇和公共服务有效覆盖

在目前国籍和户籍管理制度的基本格局下，以中越婚姻中女性的有效越南身份证、护照和签证为依据，通过对其在湖北省居住、生活状况的考察和审核，建立合法身份确认制度，使其在一定时间段享有公民身份，从而实现公民待遇、公共服务有效覆盖。

（四）提供有计划的语言培训制度和生活技能培训

以县教育部门为牵头单位，以乡镇为单元，每年举办两期语言培训，加快“越南媳妇”的中文表达与使用能力；同时举办生活技能培训，使其更好地适应当地的生活方式和文化、风俗习惯。

（五）加强相关法律法规政策宣传

加强非法跨国婚姻中介、外国人口在华管理等领域法律法规的宣传工作。加强有关中国、越南两国国籍等领域的法律宣传工作，以免不法分子利用跨国婚姻家庭成员不懂法的漏洞行骗。加强外汇兑换方面相关法律法规的宣传，引导有外汇兑换需求的越南女性到指定的银行兑换外汇。

农村留守老人关爱服务体系建设调研报告[①]

一、研究背景与方法

（一）研究背景

党的十九大报告提出，“完善社会救助、社会福利、慈善事业、优抚安置等制度，健全农村留守儿童和妇女、老年人关爱服务体系。”当前，随着我国老龄化进程加速，以及与工业化、城镇化、市场化的相互叠加，在城乡发展不均衡、公共服务不均等、社会保障不健全等制约下，催生了规模庞大的农村留守老人群体，超过 5000 万的农村留守老人正面临生活困境，包括物质生活经济拮据、情感需求饥渴、文化消费贫乏、体力劳动欠缺、抚养孙辈力不从心等难题，严重影响着他们的生活质量，从而产生一系列身心健康问题。因此，对农村留守老人的关爱服务体系建设迫在眉睫。然而，农村留守老人内部差异明显、关爱服务需求多样、供给不足、关爱服务体系不全，如何厘清农村留守老人的生活现状和特征，

① 本调研报告成稿于 2017 年。

分类分层满足关爱需求，提高关爱服务的针对性与有效性，具有重要的实践意义。

（二）研究方法

调研团队选择位于江汉平原中心地带的 G[①] 县开展入户调研和访问，在 Y 县开展了访谈工作。

一是问卷调查。调研团队设计了“农村留守老人关爱服务体系建设研究”调研提纲，提纲涵盖自然状况、经济状况、基础服务设施、养老服务工作现状及养老服务规划 5 个部分；入户调查问卷包括留守老人基本情况、养老服务需求及获得情况、服务愿景三大类，以详细了解当前农村留守老人关爱服务的现状、问题、需求与供给状况。调研组在 G 县的 4 个行政村开展问卷调查，共收集 81 份调查问卷。

二是深度访谈。笔者及调研团队对两位县民政局工作人员、两位乡镇民政工作人员、两位村委会主任共 6 人开展了一对一访谈，在两个村开展座谈会，重点了解农村留守老人关爱服务的需求状况、供给效果和关爱服务展望。与此同时，调研团队实地走访了一家民营养老院，与工作人员开展座谈会一次。

二、农村留守老人关爱服务供给现状分析

（一）农村留守老人现状与关爱服务需求调查与分析

1. 问卷调查所获留守老人基本情况

调研数据显示，被访留守老人的年龄多为 66 ~ 70 岁，占比 39.5%；其次是 61 ~ 65 岁，占比 27.2%；剩余依次是 71 ~ 75 岁，

① 本调研报告中出现的地名均做匿名化处理。

占比 16.0%；76 ~ 80 岁，占比 8.6%；80 岁以上和 55 ~ 60 岁分别占比 6.2% 和 2.5%。

此次调研对象中，女性老人占比 53.1%，男性老人占比 46.9%。

在调研对象配偶的基本情况一项中，84.3% 的调研对象的配偶具备自理能力，配偶失能和半失能的分别占比 3.9% 和 11.8%。

有 26.3% 的留守老人认为自己身体差，有 52.5% 的留守老人认为自己身体状况一般，仅有 21.2% 的留守老人认为自己身体好。64.4% 的留守老人能够从事农业生产，能够生活自理的留守老人占比 88.4%。

有 32.9% 的留守老人的居住情况为一人独居，其余 67.1% 为与老伴一起居住。

2. 留守老人的收入及支出情况

留守老人年收入 6001 ~ 15000 元占比最大，为 35.8%；年收入 500 ~ 4000 元占比 25.9%；年收入 4001 ~ 6000 元占比 22.2%；年收入 15000 元以上占比 11.1%；年收入低于 500 元占比 5.0%。留守老人收入绝大部分用于日常生活支出和医药费。

3. 留守老人的陪伴及求助需求

通过调查可知，在生活中和遇到紧急情况时，绝大部分留守老人会第一时间找自己的子女，其次是邻居。老人希望的事情中占比较大的一是子女在身边，二是有人照顾。居住形式上有两项比较受老人的喜欢，一是和子女一起居住，二是与子女离得近一些但分开居住。两个问题综合在一起可以看出，绝大多数留守老人对子女的依赖较大，希望子女陪伴在自己的身边，自己的生活有人照顾。

4. 留守老人文体活动需求

通过调研可知，在参加文体活动的相关信息中，8 位留守老人表示平时会参与唱歌跳舞活动，35 位留守老人表示平时参与棋牌麻将活动；53

位留守老人表示平时会观看影视节目。

留守老人最希望村里提供的 3 项服务分别是：用餐服务、陪同外出服务、上门看病送药服务，接下来依次是上门看望与聊天服务、代理购物、上门做家务、寄宿等，几乎没有老年人需要提供活动场地的服务。在关于“村里或镇上组织您去帮助别的老人做事”一题中，超过 40% 的老人可以接受，且不需要任何报酬；在关于“共同管理养老基金”一题中，占比最大的是“政府出一部分钱，自己和子女各出一部分”的方式，达到 40% 以上；但最好自己不出钱的也占据一定比例，超过 20%。调查数据还显示，农村老年人认为自己当前最大的困难是没有钱和生病尚未康复，而最希望政府为农村留守老人解决的事情是“政府能够提高或多给一些补贴”，换言之，农村留守老人最需要解决的是经济问题。

综合以上问卷调查结果可见，农村留守老人当前处境具有以下特点：

（1）日常支出主要用于看病和吃药，生活基本自给自足。

（2）大部分的农村留守老人患有轻微慢性病，但仍然从事生产劳动。

（3）通常情况下，农村留守老人遇到事情时第一时间寻求子女帮助。

（4）绝大多数农村留守老人自认为不需要娱乐文体活动，最关心的问题是经济困难和生病未愈。

（二）农村村级公共服务设施建设和服务供给

随着国家对农村老龄人口的重视，农村相继建设了为老服务设施和平台，初步形成了以家庭赡养为基础、村日间照料中心和农村老年协会参与、村卫生室协助、乡镇敬老院托底的农村养老服务供给格局，以及建立农村留守老人关爱联系人和定期探访制度。

在民政部门推动建设农村日间养老料理中心之初，G 县农村与其他地方农村一样，也相继在各村设立了日间照料中心。目前，各村的日间专门照料中心和农村互助照料中心基本建成，可以实现乡镇的全面覆盖。

再以 Y 县为例，Y 县每年投入 100 余万元的资金到辖区内的 32 个城市社区和 123 个农村社区，其中农村日间照料中心的运营补贴标准是每年 2800 元。农村老人互助照料活动中心由各村老年人协会负责管理，组织老年人开展邻里互助、日间照料、文体娱乐、精神慰藉和矛盾化解，作为老年人解除精神寂寞、娱乐健身的场所。

调研团队走访的行政村都建有卫生室，一般每个村卫生室有 2 名医务人员，医生不提供上门服务，目前主要为感冒等轻微疾病提供基本药物。

目前针对留守老人的工作主要由各村村委会中的妇女主任负责，因此村妇女主任需要进行日常巡查，通常利用工作机会到各小组走访，询问留守老人的生活状况。

各村均建立了针对留守老人的帮扶联系人制度，并由村委会工作人员作为留守老人的联系人。

各村均收集了关于留守老人的基本信息，建立了完整的台账。从 2018 年开始，“三留守”人员被纳入精准扶贫考核之中，成为民政工作的一部分，留守老人关爱服务工作因此受到了更多的关注。

（三）需求与供给的耦合度分析

由于子女长达半年之久的外出工作、生活，不能在身边提供应有的照顾和关心，农村留守老人群体不得不面对关爱服务供给欠缺的窘境。政府层面提供的各种服务和保障措施为留守老人的生活提供了有力保障。但从调研的情况来看，目前农村留守老人所需要的服务和能够提供的供给既存在一致之处，也存在不一致之处。

通过课题的调查和研究，从农村留守老人的收入和支出、身体状况、遇到事情找谁、平时的文体娱乐活动、老人的最大困难和所需服务、最希望解决的问题等各方面来看，当前农村留守老人关爱需求和供给之间存在如下特征：

（1）城乡居民基本医疗保险、居民养老保险等基础性的社保措施基本实现了对农村留守老人的全覆盖，在发挥底线保障方面起到了重要作用，增加了农村留守老人的抗风险能力。

（2）农村留守老人日常大宗支出主要集中在看病和买药方面，留守老人在生活上以自给自足为主，不过由于留守老人的日常收入来源少，可自由支配的金钱较少，生活品质较低；同时经济条件也限制了农村留守老人群体的养老服务索取期待。

（3）绝大部分农村留守老人患有轻微慢性病，但仍然从事农业生产，主要是为了积累生活资料。

（4）通常情况下，农村留守老人遇到事情时依然依赖子女，会想办法联系子女，很少向别人寻求帮助。故而，在村一级建立责任人制度，虽然能够起到防火线的作用，但作用甚微。

（5）绝大多数农村留守老人对娱乐文体活动的直接需求较低，他们需要解决的问题和困难在于经济和慢性病治疗两个方面；另一方面，农村留守老人们不愿意增加子女的经济负担和生活压力，更多地独自承担经济压力和病痛折磨。

（6）农村的医疗资源相对薄弱，村卫生室在满足基本的治疗需求方面亦存在着一定的困难，故而对于农村留守老人而言，村卫生室的利用率较低，留守老人主要依赖乡镇卫生院。

三、农村留守老人关爱服务体系建设之政策建议

根据农村留守老人所面临的困境以及现有服务的不足和供需的错位，

同时结合农村地区相比较城市地区所具有的长处和优势，笔者认为，应该有针对性地，以解决问题为导向，从基层（县域）试点入手，抽丝剥茧，条分缕析，找出问题的核心和要害，找到解决问题的方式和方法，由基层到顶层，形成一系列制度设计与政策安排，以保障和引导农村留守老人关爱服务体系的建设和完善。

（一）对症下药，在改革和创新中建设和完善农村留守老人关爱服务体系

笔者认为，找出瓶颈并找到解决问题的途径，是农村留守老人关爱服务体系建设之成败的关键所在。结合在调研中看到的问题和与基层干部座谈中他们开出的一些贴近实际解决农村留守老人问题的“药方”，笔者建议“对症下药”，在关爱服务体系建设过程中，首先解决以下关键问题:

1．建设县域内全覆盖网络信息平台

针对农村居住分散、服务力量不足等问题，在县域范围内建设覆盖全县的养老服务网络信息互动平台，建立留守老人与子女、监护人和服务机构及服务人员的实时互动，解决留守老人的紧急呼叫、及时求助问题。

在调研中看到，随着互联网技术的发展，基本上村村都有网络覆盖，大多数人都会使用智能手机，这为建立网上服务平台创造了基本条件。网络服务平台建设，看起来短时间内要有较大投入，但长远来看，却是一个事半功倍的选择。

2．建设专业与志愿服务相结合的人力资源队伍

整合人力资源，建立以农村专业社工为中坚力量的专业监护人和志愿委托人制度，解决留守老人精神孤独、缺少陪伴、生活中缺乏帮手的问题。

农村作为一个熟人社会，邻里间有守望相助传统。通过问卷调查发现，善良淳朴的农村老人在回答如果有力量帮助其他老人是否需要回报问题时，绝大多数都选择了不需要回报。以专业的农村社工为中坚力量，再通过他们的联络、组织、引导，建立起一个庞大的互动、互助志愿服务网络，是解决农村留守老人精神孤独、缺少陪伴、生活缺乏帮手问题的有效途径。

3．打破城乡、区域和行业界限，在县域范围内整合资源，建设具有照护能力的乡村照料中心

集中财力物力，改革县、乡福利院，整合民办机构力量，建立区域服务辐射中心；同时，打破城乡、村镇和行业界限，整合医疗康复和照护服务力量，以人群聚居半径和一定数量为标准，建设具有照护能力的乡村照料中心，以满足农村老人的集中照料需求。

现有县、乡福利院，经过各级政府和民政系统近 20 年来的不断投入和努力打造，基本具备了较好的基础设施条件，但大多运营能力较低，社会效益和经济效益不高。而社会资本和民间力量投入的养老服务机构，也面临着同样的问题。怎么样盘活县、乡福利机构，解决需要专业照护的老人得不到照护与专业照护机构床位空置问题，是改革的重点和难点。

4．整合现有资源，挖掘内生资源，合理引进“外援”，加大对农村养老服务事业的投入

整合政府通过各个口径投入的各种养老服务补贴、津贴和奖励资金到一个渠道，挖掘农村自有的乡贤回馈乡邻、宗族家族互助等力量，同时，依托农村优势资源，加大政策支持力度，吸引外来资金投入，是解决农村养老服务资源不足的重要途径。

在多个村庄，我们都看到有外出经商务工人员致富后回馈乡邻的案例。而农村作为一个传统社会，其庞大宗族、家族力量，经过合理引导，可以在很大程度上弥补家庭照料尤其是留守老人家庭照料力量的不足。

（二）“引凤还巢”与“筑巢引凤”，一盘棋解决农村城市各自的养老难题

现今，大城市核心区域大多面临人多地少状况，导致养老床位供不应求，与此同时，老龄少子程度不断加深，带来护工、保姆工价的水涨船高，使普通工薪退休族群难以应对。让老人留在家庭和社区里养老，但由于服务提供跟不上需求，使很多举措流于形式。这也是养老服务改革推进多年，老年群体却没有感觉自己的生活有多大变化的根本原因。

与此并存的是，随着高铁、高速公路的四通八达，离大城市也许就是“一步之遥”的广大乡村地区的地广人稀和大量房屋、养老机构床位的空置。

而“农村留守老人”，是农村人口向城市流动带来的结果，也是城市与农村之间的一座桥梁。如何化不利因素为积极因素，也许应该成为我们政策研究的一个重点。

1．“引凤还巢”，在乡村振兴的战略下，以政策引导和鼓励外出务工经商人员回乡创业，从根本上解决留守老人问题

在调研中看到，农村留守老人最盼望的事情就是子女能够回到身边。人到晚年，子孙绕膝，安享天伦，是中国人眼中最大的幸福。

在国家的乡村振兴战略中，如何鼓励和引导外出务工人员回乡创业，是一项系统工程，需要多方面的政策配套。

在帮助农民“脱贫”的同时，帮助他们“脱留守”，让“三留守”成为一个历史话题，将是政策更人性化的一个选择。

2．“筑巢引凤”，以更优质的环境和更高的性价比吸引那些在城市打拼、已人到晚年的退休老人回乡养老

事实上，有很多城市老人主观上愿意选择到乡村养老。一方面，落

叶归根，是中国人的传统思维；另一方面，普通退休职工的退休金越来越难以支付城市高昂的养老费用。然而，往往囿于乡村的诸多客观条件限制，人们又很难迈出乡村养老的步伐。

在乡村和城市间架起互通互助的桥梁，让城市老人到乡村养老以得到更多实惠，同时也会因城市老人的到来，为乡村养老市场带来活力，从侧面促进农村养老服务事业和产业的发展。

笔者建议：

（1）与时俱进，因势利导，对一些过时的或不合理、不公平的补贴和资助制度进行改革，设立老人养老服务专用账户，给予老人市场化的选择权利。

（2）借鉴“结对扶贫”思路，采取城市或单位与乡村“一对一”结对的方法，发挥各自的土地和资金优势，建设养老基地，共同解决两地老人的养老问题。

（3）建立沟通渠道，鼓励城市老人和乡村家庭间的互助养老、亲朋好友间的结伴养老、志同道合者的抱团养老等。

（三）农村留守老人关爱及农村养老服务体系建设推进建议

（1）在“居家养老—社区服务”试点地区或其他有积极性的地区，确定 5 ~ 10 个县（市）先行试点。边试点边总结边调整，尽快拿出可复制的成功经验。

（2）在与地方政府沟通、确认试点的同时，成立由政府、企业、社会组织共同组成的“项目办公室”，负责有关项目推进的各项规划、规则的制定和事务性工作。

（3）将改革的重点放在整合资源上，以资源的重新分配来促进服务改善，最终实现政府—企业—老人三赢格局。

城市化进程中土地利用方式变迁及其影响调研报告[1]
——基于X市Y村[2]的调查

一、研究背景

土地是一个国家的重要基础性资源，土地的利用方式关系着国家的发展空间和潜力，更关系着广大人民的生活福祉。改革开放以来，我国部分土地资源在一定程度上被重新配置和利用，快速的城市化让众多城市郊区迎来了快速发展的机会，大量农村集体土地、农业用地等逐步向城市用地、工业用地等转变。由于我国独特的土地管理制度，所在区位、土地性质及利用方式等因素都对土地的价值产生重要影响，对土地使用者的生活及利益亦产生不可忽视的影响。现阶段我国土地问题牵涉广泛，不仅与城市发展战略相关，还与具体村庄的位置有关；不仅与征收方的利益相关，也与被征收的具体土地使用者的生产生活相关；不仅与使用者的收益相

① 原调研报告成稿于 2009 年，获得第十届“挑战杯”H 省大学生课外学术科技作品二等奖。本文在原调研报告的基础上进行了部分调整和更新。

② 本调研报告对所涉及的地名和人名做匿名化处理。

关，更与被征收者的切身利益相关。因此，城市化进程中土地利用方式的调整就不仅是一个地理资源利用方式转变问题，也是一个关系普通土地资源使用者的切身利益分配与调整的问题。

为了回答城市化进程中土地利用方式转变及其带来的具体影响，特别是对普通土地资源使用者的影响及他们的切身感受和看法，调研组选择了我国中部地区中等规模地级市下辖的村庄——Y 村做个案研究。Y 村地势较为平坦，雨水丰沛，原为华中地区传统农业型村庄，主要以种植水稻为主，其中水田 680 亩（1 亩≈667 平方米），养殖水面 68 亩，有 9 个村民小组共 1300 余人，村民居住较为集中，村庄房屋沿主要道路建设布局，是一个典型的城郊村。Y 村距离城区约 2 公里，交通极为便利，湘黔铁路线纵贯全村，一条南北走向的国道与近些年建设的城市北二环西引线交汇于此，城市北二环线西引线的建设极大提升了 Y 村与城区的联系。近些年，Y 村充分利用城郊区位优势，积极对接主城区，向北快速推进城市化步伐，通过调整产业结构，采取村民委员会与村民签订土地租赁协议的方式将土地集中起来，再以招标、转租的形式将土地流转给外地人口和本村村民进行集约化经营，发展高效、特色农业。截至调研之时，全村共引进其他地市的外来种植户 48 户共 144 人，同时引进大型连锁商业超市建立果蔬花卉基地，重点发展高效蔬菜种植、花卉苗木栽培、水产养殖和休闲观光农业等特色产业。

二、Y 村的发展历程

2000 年以后，随着穿村而过的城市北二环线西引线建成通车，Y 村借助便利的交通条件获得了转型发展契机。2008 年以后，在地方政府的努力下引进某知名商城投资商投资建设商城基地，将 Y 村规划为城市西线物流基地，同时规划了某大型商超集团的现代农业生态休闲园。

很快，Y 村形成了如下产业格局：一是立足该地区土质相对较好，土壤干爽，宜种植各种蔬菜、苗木、花卉等植物的优势，在高岸地带形成蔬菜、花卉、苗木等经济作物种植区；二是针对该地区雨季有间歇性渍水且地面排水困难的情况，种植超级杂交水稻、水藕、茭瓜、芋头等，在中低洼地带形成水生作物种植区；三是在地势低洼的浸水地带建立水产、水禽养殖区，发展特种水产养殖，为市民提供观光、休闲、垂钓场所。一些居民也利用自家房屋建设加工工厂、发展商贸销售等。

现在 Y 村基本形成了以蔬菜、花卉、苗木等经济作物种植和休闲农业为主的具有城郊农业优势的特色产业结构。土地绿色利用在 Y 村取得了较好的实践，不仅增加了 Y 村的集体经济收入，也极大地提高了该村人民生活水平。至此，Y 村的土地利用形成村西保持原有的绿色利用地和村东待开发的商业征用地的局面。

三、Y 村土地利用效益的现状分析

在我国，根据土地管理制度的规定，土地利用类型分为耕地、园地、林地、草地、商服用地、工矿仓储用地、住宅用地、公共管理与公共服务用地、特殊用地、交通运输用地、水域及水利设施用地、其他用地 12 个一级类别。对于 Y 村而言，主要面临的是农村集体土地中的普通农用地变为商服用地、工矿仓储用地等。随着土地利用方式的转变及其附带的征地拆迁、产出等的巨大效益区别，也带来了土地利用效益问题。

（一）农地绿色利用的效益

农地绿色利用主要指的是不改变传统农地的性质和作用，利用地力进行农业生产经营活动。农地绿色利用不仅是土地自然属性的本质要求，也是土地永续利用和生态文明建设的必然要求[1]。农地绿色利用的效益既包括经济效益又包括非经济效益。经济效益包括通过土地上的作物直接获得的经济收入以及剩余劳动力转移产生的劳务经济收入。

1. 农地绿色利用的经济效益

Y村在土地集约化模式下，通过经营蔬菜种植、水产养殖、园林花卉等绿色利用方式，近年来收益十分明显。三大绿色区域仅规模种植经济作物的年产值就达200余万元，年利润接近100万元。仅2006年一年，Y村的经济总产值达2000万元，其中村集体企业产值1300万元、农业总产值700万元，村集体财政收入由10年前的不足10万元增加到2006年的120万元。

对于Y村普通村民而言，其收入来源主要包括地租收入和做临时工收入。全村村民年人均收入由2000年的不足3000元增加到2006年的7480元，再到2011年的年人均收入15000元，总体上翻了五六倍。调查中Y村村民和村内外来务工人员普遍反映，近年来收入不断增加，日子过得越来越富裕。

2. 劳务经济的收益

城市化过程中会产生巨大的劳动力需求，促使众多原来的农业劳动力主动离开土地和农业。尽管他们在城市获得的工资可能低于其劳动力价值，但目前的现实情况是在城市务工所得实际收入仍高于从事传统农业总所得收入[2]。前文提及Y村的土地绿色利用方式主要是通过村集体将土地承包给企业或私人进行集约化经营，加之Y村在区位上紧临城区，因此Y村大多数家庭，尤其是中、青年群体选择把自家的承包地出租，自己到城区或邻近城市务工。由于粮食收购价格较低，部分年轻村民认为自己种地的收入还不如到城里去做些临时工，因而Y村剩余劳动力从收入相对较低的第一产业转移到了收入较高的二、三产业，从而促成了社会劳动力的梯级转移。而因为劳动力的梯级转移造成的农业劳动力缺失，则主要通过吸纳较偏远地区的菜农和务工人员，从事规模化特色农业生产来进行补充。以上现象侧面反映出我国农村土地流转的发展速度滞后于当前农业劳动力转移的规模[3]。

据村干部介绍，Y 村主要从 3 个渠道进行本村劳动力转移：一是依靠村办企业、驻村企业吸纳大部分剩余劳动力。Y 村大力发展集体经济，创办村级企业，现阶段村办企业已达 4 家，同时还千方百计引进企业，现驻村企业已有 5 家。Y 村的村办企业和驻村企业共安排剩余劳动力 200 余人。二是对外劳务输出。Y 村有青壮年劳动力 80 余人在城区的加工企业、服务行业就近务工。如在城区一个大型公司务工的就有近 30 人，他们务工的年人均纯收入为 1 万～ 1.5 万元。三是一部分人自办企业，务工经商。Y 村现有 8 户村民利用自家房屋经营商店、茶楼、饭店等，他们的年人均纯收入多在 2 万～ 3 万元。通过富余劳动力的梯级转移，村民的收入得以增加。城市化进程中，第二、三产业对农民直接收入增加的刺激作用，在 Y 村这样一个城郊村得到了充分体现。

（二）农村集体土地商业征用的效益

商业征地给 Y 村带来的土地效益主要分为征地阶段给予本地村民的田地补贴、外来商家和农户的青苗补贴费等现时效益，以及带动 Y 村甚至整个 X 市产业结构转变、经济持续发展以及就业问题的解决等长远效益。

1. 现时效益

在调查中，笔者收集到了《X 市土地利用总体规划（1997—2010 年）》，该文件中规定了 X 市区土地开发的征收标准，如表 1 所示。

X 市土地开发征收标准 表 1

区域类别	土地类别	每亩征费标准（元）
一等	水田	1.2
	旱地	0.8
二等	水田	1.1
	旱地	0.7
三等	水田	1.0
	旱地	0.6
四等	水田	0.8
	旱地	0.5

注：1. 耕地指灌溉水田、望天田、水浇地、旱地、菜地（种植蔬菜为主的耕地，包括温室、塑料大棚用地）。本规划将灌溉水田、望天田归为水田，将水浇地归类为旱地。

2. 建设项目占用基本农田的，按同区域耕地开垦费征收标准的 1.2 倍计征；占用专业菜地的，按邻近水田的征标准计征。

3. 县城关镇、建制镇以下农村农民建房以及乡、镇、村兴办公益事业与公共设施，经批准占用本集体经济组织耕地，耕地开垦费按上述征收标准的 70% 计征。

4. 占用国有农场、林场、牧场等地的耕地，执行邻近县（市）征收标准。

5. 单独选址建设项目占用城市建设用地范围内耕地的开垦费，由省土地行政主管部门征收。

该文件是近些年 X 市土地征收价格的指导性文件，直接影响了 X 市各区土地征收赔偿的价格标准。由于没有收集到 X 市 2010 年以后的土地利用相关规划文本资料，无法判断 2010 年以后 X 市总体规划土地征收标准是否与 1997—2010 年存在差异，也不清楚耕地等级划分的标准是什么，从而不知道 Y 村到底是依从 1997—2010 年的费用标准征收，还是采用新的费用标准进行征收。针对这个问题，笔者在个案访谈中也收集了一些资料进行补充说明，在一定程度上可以验证表 1。通过与村干部、村民的访谈，调研组整理了 Y 村一些土地征收的标准和大致价格。

农户 A 的土地征收情况如下：

宅基地是 55550 元 / 亩，菜地是 12009 元 / 亩，这些都是一次性征收完成。而安置房的价格是 1050 元 / 平方米，按照户口本的人数，每人可以获得 35 平方米的住房面积补贴。

农户 B 的土地征收情况如下：

房屋实际面积：293.9 平方米；

无证房屋面积：113.9 平方米；

回购主体房屋面积 : 293.9 平方米 —113.9 平方米 =180 平方米；

回购主体房屋面积赔偿额：180 平方米 ×1050 元 / 平方米 =189000 元；

增高层补贴额：6300 元；

房屋实际赔偿额：189000 元 +6300 元 =195300 元；

附属建筑物补偿（按 90 平方米核算）：90 平方米 ×300 元 / 平方米 =27000 元；

搬家费（按 90 平方米核算）：90 平方米 ×10 元 / 平方米 ×2=1800 元；

误工农具补助（按 90 平方米核算）：90 平方米 ×10 元 / 平方米 +100 元 =1000 元；

过渡费（按 90 平方米核算）：90 平方米 ×10 元 / 平方米 ×12=10800 元；

按期拆迁奖：180 平方米 ×200 元 / 平方米 =36000 元；

支持征地奖：180 平方米 ×200 元 / 平方米 =36000 元；

违法建筑自行拆除补助 :113.9 平方米 ×50 元 / 平方米 =5695.5 元。

2. 长远效益

Y 村是一个典型的城郊村，从 2001 年之前的以水稻种植为主的单一土地利用方式到 2001 年后开始利用独特的区位优势，抓住契机大力发展绿色农业，改变了之前较为单一的土地利用方式，使得土地绿色利用在该村“开花结果”。发展模式的改变除为Y村带来了可观的经济收益外，还带来了一系列诸如“省民主法治示范村”“省清洁工程示范村”“市农业工作先进单位”“宜居城郊带”等荣誉称号，从而为Y村实现由传统农业向现代产业升级奠定了良好基础。

许多本地村民或非本地村民都认为，Y村未来的发展更多依靠第二、第三产业的发展，包括商业开发征地中产生矛盾的村民都认为商城基地的建设项目对Y村目前和未来的发展都具有重大的意义。一旦商业开发成功，可以解决Y村大量剩余劳动力的问题，从而减少劳动力输出成本，同时也能增加村民的经济收入。

（三）土地利用现状的“爱恨交织”

1. 绿色利用的效益权衡

土地绿色利用在给Y村带来了实惠的经济效益和不可估量的生态环境效益的同时，也给带来了一些负面影响。在Y村，土地绿色利用方式主要是通过当地村委会对土地进行集约后出租给外来企业或个体商户进行苗木花卉生产、水产养殖、农家乐开发，以及外来菜农的小规模蔬菜种植。

随着集约化土地利用的推进，关于土地地力持续性的担忧开始出现。部分村民反映原本肥沃的良田种树之后没有得到科学的管理，导致土壤肥力严重下降，复耕的可能性变得非常小。并且通过村集体转包给集团或个体承包商的土地因为地租的问题而产生了一系列矛盾，本地村民只能通过集体诉求的方式向企业或个体承包商表达加租的愿望。而这种集体寻租行为，会导致村民逐渐无法发挥在土地流转过程中的主体性，追根溯源则在于农村集体不清晰或不完全的主体产权[4]。

与此同时，土地利用方式的转型也产生了不均衡现象。小规模的外来菜农最初有政策的扶持，不管是在收入上还是情感上都有所依，但近年来，政策开始倾斜高收益的商业征地开发。相较于“城中村”的概念，Y村外来农户的生活空间类似“村中村”，他们没有资金技术的支持，也没有本地人的归属感，其发展出路在哪里，值得人们思考。

2. 商业开发下的效用权衡

商业征地给Y村带来的可计算的即时效益和相对难以计算的长远效益也是可观、可感或可期望的。但是商业征地对Y村也产生了或将可能产生一定的负面效应，大致可以划分为现时负面效应和远期负面效应。现时负面效应主要体现在开发前期征地拆迁、安置矛盾以及由此而导致的大量良田被搁置抛荒；远期负面效应则表现在开发后土地的不可复垦性、环境质量下降及环境质量下降后治理污染成本的增加等。

商业征地在Y村村东选定的一片土地上需要拆迁的农户有70户，但由于拆迁农户对赔偿款的数额和标准不甚满意，直到2011年9月，完成拆迁协商的农户仅有18户，还有52户没有协商一致。在调查过程中笔者了解到，拆迁事宜进展并不顺利。其一，拆迁方与村民关系日趋紧张。此轮土地征收涉及征收当地农户的承包责任田或基本建设用地，而征地过程中出现的种种利益纠纷加剧了拆迁方和村民之间的矛盾。部分村民想各种办法以提高补偿的标准、增加补偿的内容，导致拆迁成本不断增加，之前同意拆迁的村民看到此种情形后有了更多的怨言和悔意。其二，拆迁方与村民之间的“拉锯战”损害了商城基地开发商的利益，开发商在进行了部分投资之后却没有得到预期回报，甚至土地征收工作都没有完成。基于此种情况，商城基地开发商诉诸法律以期撤回投入的资金。

四、土地利用中的主体及其呈现的问题

对Y村土地利用方式及其转型产生主要影响的有地方政府、村民委

员会、开发商和农民 4 个主体。

（一）土地流转工作中的问题

根据《中华人民共和国土地管理法》《中华人民共和国土地管理法实施条例》的规定，面积达 120 亩以上的征地审批权和农用地转用审批权集中到国务院和省两级政府，县（区）、市人民政府只有执行权，此举是为了规范土地征收、防止耕地流失。

由于历史和环境原因，从农村集体所有制形成到 21 世纪的集体产权制度改革的过程中，农村土地利用的主体、方式以及收益分配对象经历了多次变迁，这导致了各方主体关系的错综复杂[5]。在调查过程中发现，由于土地流转工作程序复杂、审批时间较长，为了提高土地流转工作效率，农村土地进入市场通常首先由政府进行征收，然后通过一定的方式再将其配置给土地的使用者。

现实中，农村土地利用方式多变而不稳定，在调查过程外来种植户反映他们无法做出更长远的规划。

（二）村里的矛盾

村民委员会（简称“村委会”），是在党的领导下，村民进行自我管理、自我教育、自我服务的基层群众性自治组织。村委会发挥着“承上启下”的功能，是地方政府和村民进行互动的媒介组织，在农村集体土地征收过程中扮演着重要角色。

村民作为土地利用的直接参与者和执行者缺乏一定的主体权。村民偏重于追求切合自身的经济利益，本地大多数村民虽然认为土地利用给自己带来了较大的经济和环境效益，但对村庄当前时期的主要发展措施和未来的长远规划缺乏话语权，导致他们对待公共事务比较冷漠。

此外由于 Y 村的主要劳动力外流，土地绿色利用主要依靠吸收外地劳动力作为补偿，这在客观上造成了土地绿色利用过程中劳动力具有较强的不稳定性，无形中增加了 Y 村绿色农业的劳动力成本。在土地征收的过程中，村民们试图通过加盖临时用房、种树等方式向开发商索要更多的补偿款，甚至不惜组织集体“反抗”活动。无疑这加剧了开发商与村民之间的不信任感。故而，开发商不得不希望村委会可以帮助自己做通村民们的思想工作，以减少征收的阻力。

而外来菜农和部分外来务工人员作为 Y 村土地绿色利用直接的参与者，在土地征收过程中，除了得到一定的青苗补贴费，并不能获得诸如安置房、就业安排等。也正是这样的原因，在很大程度上导致了外来务工人员在 Y 村始终缺乏归属感。

（三）开发的不确定性

虽然开发商拥有包括经济、人脉在内的诸多社会资本，但由于土地利用方式的最终决定权在地方政府，加之开发商在市场经济中属于“有弹性”的参与者，即开发商具有较强的可替代性，因而开发商在 Y 村的土地绿色利用整体过程中作用并不显著。

商城基地项目从 2008 年开始，一直到 2014 年才建成一期一阶段工程并开业，比最初宣传的开业时间推迟了半年之久。长达 6 年的建设和投入，使得大部分人并不看好该项目，商户入住率不高。较早开始建设的某大型商超集团的现代农业生态休闲园区，也由于市场竞争加剧，特别是网上购物对线下零售行业的巨大冲击，集团面临着资金周转的困境，现代农业生态休闲园区发展受阻，难以支付土地租金。

五、结论

在“城乡融合发展”的大背景下，Y 村利用其典型的城郊区位优势，实现了从农村到典型的城郊村的转变，再到目前积极推进城镇化的发展阶段。Y 村土地的利用方式分为两个过渡阶段：第一阶段，从单一水稻种植的土地利用方式转变到绿色农业的利用方式；第二阶段，土地绿色农业的利用方式推向以农村二、三产业带动 Y 村发展的进一步转变。

整体看来，土地的绿色利用方式属于 Y 村城镇化发展过程中的一种切实可行的土地利用方式。从笔者调查得出的结果来看，绿色农业已经不再适合 Y 村城镇化进一步发展需求，只能向城镇化后 Y 村二、三产业的辐射地转移，即向 Y 村周边的其他村落转移。依照我国目前绿色农业发展趋势，土地的绿色利用方式作为城镇化过程中的重要措施，与城郊的发展相辅相成，当城郊变成城镇或大城市后，土地绿色利用势必要退出。

从时间和空间上来看 Y 村的整体发展，不难发现：随着时间的流逝，Y 村土地利用方式从单一的水稻种植到多样的绿色农业再向着复杂的商业化发展，土地利用方式越来越精细化，但在空间上 Y 村的土地面积并没有增加，这种发展方式即属于土地“内卷化”的一种。美国人类学家戈登威泽对“内卷化”进行了解释：当达到了某种最终的形态以后，既没有办法稳定下来，也没有办法使自己转变到新的形态，取而代之的是不断地在内部变得更加复杂。不管是绿色农业还是商业开发都只是 Y 村土地“内卷化”的不同形式，因此，土地绿色利用的存续方式不在于空间上简单地“挪动”，而更多地应是在于转变土地利用各参与方简单的、唯利是图式的思维方式，真正地实现科学的土地利用。

参考文献

[1] 魏钰邦 , 甘藏春 , 程建 , 等 . 论土地绿色利用 [J]. 中国土地科学 , 2021，35（10）：8.

[2] 黄少安 , 文丰安 . 中国经济社会转型中的土地问题 [J]. 改革 , 2018（11）：11.

[3] 何一鸣 , 罗必良 . 农地流转、交易费用与产权管制 : 理论范式与博弈分析 [J]. 农村经济 , 2012（1）：6.

[4] 冯振东 , 霍丽 , 郜传林 . 中国农村土地流转问题研究述评 [J]. 西北大学学报：哲学社会科学版 , 2010, 40（2）：7.

[5] 王珏 , 马贤磊 , 石晓平 . 工业化城市化进程中农村集体参与土地增值收益分成规则演变分析——来自土地非农利用的证据 [J]. 公共管理与政策评论 ,2023，12（3）：69-85.